小資族以小搏大，翻轉 ⬛⬛⬛⬛⬛ 巧

100張圖搞懂
股票期貨

希望你做一隻股期的「必勝鳥」！

在動物界中，老鷹是一種大型猛獸，性情凶悍，甚至是空中的霸主，也是鳥類食物鏈的頂級掠食者，憑藉牠的利爪，老虎、獅子也不是牠的對手；就連人類恐懼的毒蛇，牠都不放在眼裡。老鷹所以厲害，因為牠的視力高達 5.0（人類了不起只有 2.0），所以能看得很遠，捕捉獵物快、狠、準。

但是，最近看到一個視頻，它說老鷹也有剋星，就是「必勝鳥」。必勝鳥又稱「王鳥」，因為它敢和比自己體型大很多的動物搏鬥，所以有「必勝鳥」之稱，主要分布在中美洲和南美洲的熱帶地區，身長大約 20 公分，頭上有一排向後梳的絨毛，看起來威風霸氣。但是，體型只有麻雀大小的必勝鳥如何制伏凶殘的老鷹呢？

老鷹是千里眼，能把地面上的獵物看得一清二楚，只要鎖定目標，無不手到擒來，尤其牠的飛行速度每小時可達 80 公里，一般動物多閃避不及。不過，牠也有一個天敵，就是必勝鳥——牠的飛行速度最快可達每小時 100 公里。

‧ 個股期，是一種比快的武功

「天下武功，唯快不破。」所以，必勝鳥對老鷹的攻擊，是躲得過的。當牠和老鷹站在同一棵樹上時，會先留心觀察，等到老鷹即將起飛時伺機而動，率先衝向雲霄，直接飛到老鷹的上方，對準老鷹的頭部俯衝下來，用自己鋒利的嘴部，狠狠地啄下去。由於速度快、衝力足，就把老鷹啄得痛不欲生，只能忍痛把必勝鳥從身上甩開。但必勝鳥絕不放棄，會再衝上雲霄，對準老鷹又一次俯衝攻擊！如此連續幾次，再厲害的老鷹也受不了，甚至墜地而亡。必勝鳥還會用鋒利的喙，去啄食老鷹的肉！

可見老鷹處在食物鏈的頂端，看似無敵，卻也會被小小的必勝鳥治得服服貼貼。這是大自然神奇之處！

這個視頻讓我想起，股市也有一隻「必勝鳥」，能以「低成本、高槓桿」的優勢去快速搶錢。那就是期貨！小散戶雖然遠不如主力那麼威猛，但只要反應夠靈敏、速度夠快，一樣可以逢凶化吉、打敗巨人！

Preface

　　期貨雖然是金融衍生性商品，但它的範圍也很廣，目前比較熱門的是台指期和個股期。原本我計畫先寫「台指期」的部分，但由於眾多股票的粉絲急於學習多空操作都很方便的「個股期」，並且期待拙著已久，於是筆者從善如流，決定讓想轉換跑道的學習者方便著手，容後再寫一本有關指數期貨的書。畢竟大多數股票的操作者，原本就有看個股資訊的習慣，確實較想對本書一睹為快。

　　筆者進入股票及權證的實際教學領域已有六、七年之久，但因平常自己做股票，已有六個以上的螢幕被股票報價版面所占滿，幾乎沒有空間可以容納期貨的看盤。但私底下對期貨的研究，從未稍歇。只是不想把「戰場」弄得太大。

　　直到有一次，一位我素來心儀的知名操盤手無意間在臉書與我私訊，彼此相談甚歡，他說他買過我的書，發現書中透露出不少股票操作的獨家機密 Detail。我不得不承認他是我的知音。於是雙方相約見面（他的用語是「希望和你認證一下」）。到了他在台北東區豪華辦公大樓的操盤室，雖然初次見面，彼此也互相交換了不少交易心得。他更在高興之餘，

不吝把他當天大賺 79 萬元的成績單分享給我看。同時激勵我說，以我的股票操作功力，如果改做期貨，保證賺得更多！

由於相見以誠，他不諱言自己就是一個主力。非常感激他分享了許多真正主力的真實思維和操作方法，讓我有更進階的思考，也使我決定把我最近十七年來的研究結晶，回饋給熱愛拙著、經常在收集我一整套著作的股票粉絲，讓他們對期貨也能「有兩把刷子」。

・ 期貨和股票的原理一樣，只是遊戲規則不同

其實，我常常對粉絲們說，你們不必羨慕那些做期貨的人，「戰爭要用最厲害的武器」，既然你們已經非常熟悉手上的兵器（股票和權證）了，就應該用最熟練的武器去克敵制勝，不必換來換去。我更強調說，期貨和股票的原理是一樣的，只是「遊戲規則」不同而已。如果股票操作得好，期貨自然得心應手。強調期貨和股票原理不一樣的老師，目的都在為講座費用開出倍數金額做合理化解釋而已。

然而，據我長期輔導粉絲的經驗，大多數突然失蹤去改學

期貨的人多半是做不好股票，被「低成本、高槓桿」引誘去做期貨的。當然，也有不少高手自修有成、現在期貨做得很順心如意；但也有一些人，原本就沒有像股票高手那樣曾花大量時間去自我修煉，肯定也做不好期貨，或頂多只是在玩 Tick（賺一兩檔就趕快跑的麻雀戰）小有斬獲而已。那還不如回到老本行。因為用融資股票或買認購權證也一樣能賺很多，又沒有「超額損失」的壓力，操作起來自在逍遙。

但是，我認為期貨是不能不懂的一門學問。不論您玩不玩或做不做，都該深刻了解它。因為它並非只有「低成本」和「高槓桿」的優點而已。有時可以避險、套利、價格發現，甚至和股票或權證作相結合的運用，就像陸、海、空三軍聯合作戰一樣，如此才能在多元的現代股市戰役無往不利。

你在多年前，預料到全球會有疫情、戰情、通膨………等等一大堆的衰事嗎？股市瞬息萬變、金融交易制度也一改再改，舊的技法已很難應付新的變局。散戶在進步，主力也在進步。書，一定要看新的，否則很容易被「時間差」誤導。那不是作者的錯，而是讀者的錯。不管你從前看過多少大師的著作，書仍然一定要買最新出版的！

為了讓本書更具實用性，筆者延續一向淺顯易懂、圖文並茂的寫作風格，讓對閱讀文字有障礙（指不愛看書）的人也能輕輕鬆鬆搞懂個股期，特別引用大量最新的案例作解說，重點在於詳細說明「個股期」（又叫「股票期貨」、「個股期貨」、「股期」）的遊戲規則和特性，並對股期的選股操作經驗法則加以闡述；兼及「股期當沖」技術面的買賣點、攻防戰提供成功案例、停損策略，啟發您的靈感，期盼您步入更輕鬆、愉快的學習環境。如果再有不懂，也歡迎您加入筆者為您安排的售後服務──免費參加優質的【天龍特攻隊】群組，讓更多志同道合的群組高手也來協助您進步。請從我的臉書（FB）的私訊進來，或寫信與我聯繫。

　　歡迎你，我的知音！

方天龍

方天龍專用信箱：robin999@seed.net.tw
方天龍臉書網址：https://www.facebook.com/profile.php?id＝100010871283091

Content

| PART-2：個股期的特性

Content

| PART-3:選股操作的必要技巧

| PART-4：股期當沖的訣竅

Content

| PART-5：技術指標和買賣點的抉擇

PART **1**

個股期的
遊戲規則

01.

個股期是什麼？
和「個股」有什麼不同？

粉絲提問：老師，期貨是期貨，股票是股票。為什麼有股票期貨呢？它們的關係是什麼？

天龍回覆：梨子是梨子，蘋果是蘋果，但同科不同屬的植物也是可以「嫁接」的，結果會長出非常漂亮而香甜的品種。期貨如果以股票作標的，也可以利用期貨「低成本、高槓桿」的妙處，幫「股票期貨」獲利滿滿。

股票期貨，又叫做「個股期貨」、「個股期」、「股期」。這些稱呼，都指的是同一件事物：個股期。它和股票不同的地方，就是它是一種契約，交易單位為「口」，1 口「個股期」等於 2 張「現股」（指個股或股票）；而股票的交易單位為「股」，1000 股為「1 張」。這是兩者不同之處。

・高價股票期貨小型契約，小資族也買得起

「股票期貨」連結標的，是上市或上櫃股票、股票型基金（指 ETF）。正如嫁接果樹，隨著農夫的用心研發，新鮮品種會越來越多；股票期貨的品種，也隨著官方的制訂而越來越多——例如高價股，小資族可能買不起，於是近年就發展出許多「高價位股票期貨小型契約」，1 口為 100 股。

圖 1-1 個股期的基本認識

連結標的	合約規格
一般股票	1 口＝ 2000 股
高價股小型合約	1 口＝ 100 股
ETF	1 口＝ 10000 股

製表：方天龍

圖 1-2 「零股」和「小型股期」的比較

	類型	零股	小型股期
1.	標的單位	1~999 股	1 口＝ 100 股
2.	所需資金	必須付清股價全額	保證金約 13.5%～20.25%
3.	交割時間	下單後，第三天要入帳	下單前要有足夠保證金
4.	交易稅	約千分之 3	約 10 萬分之 2
5.	到期日	無	每個月第三個星期三
6.	放空與當沖	不可放空或做當沖	無限制

製表：方天龍

02.

做股票期貨，
有什麼優點和好處呢？

粉絲提問：老師，我股票做得好好的，為什麼要學股票期貨呢？它有什麼好處？

天龍回覆：股票期貨是台灣期交所在 2010 年 1 月 25 日開始發行，至今已 13 年。它屹立不搖的主因是：❶ 交易成本低、槓桿大。❷ 交易靈活。股票融券、借券的條件嚴苛，但期貨交易每筆買單只要有相對的賣單就可以成交，不受現股數量的限制。❸ 當沖不必另外訂約，且不限每日沖銷次數。❹ 它有「價格發現」的功能：期貨對「資訊」的反應，比現貨更快，可以作未來現貨價格的觀察指標。❺ 當股票期貨、現貨價差過大時，可以「套利」。而「股票期貨」的套利效果比「指數期貨」更好。

·除權息時，期貨資本利得可以免稅

此外，除權息時，持有股票「利息所得」（股利總額達一定金額）會有代扣「補充保費」的問題，而期貨資本利得可以免稅。這是做「股期」的好處。除權息時，部分現貨投資人常因為稅負上的考量，不願參與除權息；但股票期貨在資本利得免稅的優勢下，卻能吸引富有的大戶，改買股期做避稅。同時，股票除權息，現貨會暫停融資及融券交易；而股期則沒有停資、停券及強制回補的問題。

圖 2-1 股票期貨的優點和好處

	優點和好處	解說
1.	交易成本低、槓桿大	股票買、賣共需付千分之 2.85 的手續費（融資需另付利息），交易稅為賣出時課千分之 3；而股票期貨的手續費由交易人與期貨商議定，期交稅為買進、賣出時按契約總值各課十萬分之 2。 股期的保證金多半為現股的 13.5%，槓桿約為 7.4 倍（1÷0.135）。
2.	交易靈活	股票融券、借券的條件嚴苛，但期貨交易每筆買單只要有相對的賣單就可以成交。股期還可以搭配各種策略組合做交易，非常靈活。
3.	不限每日沖銷次數	股票作空時有融券和當日沖銷限制；而期貨可當日沖銷，作空與作多都很方便，不受現股數量的限制。
4.	有「價格發現」的功能	期貨比現股早開盤（8 點 45 分開盤），它的走勢自然有參考價值。
5.	避險、套利	當大盤隱隱有重大危機時，可以在股期放空避險；當股票期貨、現貨價差過大時，也容易套利。

製表：方天龍

圖 2-2 「股期」沒有停資、停券及強制回補的問題

以華碩（2357）為例，在 2022 年便有兩次融券強制回補的限制：

股東會日期	2022/06/08	除息日	2022/07/29
最後過戶日	2022/04/08	最後過戶日	2022/08/01
停止過戶期間	2022/04/10~2022/06/08	停止過戶期間	2022/08/02~2022/08/06
融券最後回補日	2022/03/30	融券最後回補日	2022/07/25
停止融券期間	2022/03/30~2022/04/06	停止融券期間	2022/07/25~2022/07/28

資料來源：XQ 全球贏家

相反的，在股票期貨方面，並沒有「暫停融資買進」、「暫停融券賣出」等限制。

03.
做股票期貨，
有什麼缺點和風險呢？

粉絲提問：老師，我聽說期貨很危險，危險在哪裡呢？做股期，難道沒有缺點嗎？

天龍回覆：期貨有如開車。開車危險嗎？當然有「風險」，但是如果循規蹈矩、不闖紅燈，也不一定會「危險」。正常情況下，風險多半來自個人的因素，例如邊開車邊講電話、疲勞駕駛或酒後開車，才會出事。股票期貨也是同樣的道理。遵守該有的「紀律」，未必一定「危險」。

期貨是一種「保證金交易」，只要付一點錢就可以玩很大的商品，獲利時賺很多；虧損時，自然也賠很大。當你做多，股價卻暴跌；或做空，股價卻狂漲，就可能面臨「追繳通知」、「強制平倉」（斷頭）、「超額損失」。但若你不把槓桿開太大（例如準備三份錢、只買一份貨），就比較不會碰到大麻煩。

·妖股沒有股期，有些投機者感到遺憾

其實，做股期並不可怕。真要挑出它有什麼缺點，依我看，大概就是有很多飆股都沒有「股票期貨」。股市很多本質不好的股票也常狂飆，可是期市的標的多是經過審核的好公司，那些所謂的妖股就不太容易進入其中。不過，股期的檔數少一些也很好，因為可以節省我們做功課的時間。

圖 3-1 股票期貨的缺點和風險

	缺點和風險	對策解說
1.	高槓桿的「價崩」風險	期貨交易雖有漲跌停之限制，但並沒有停止損失的功能，交易人對損失應具備承受能力。
2.	留倉隔日「跳空」風險	如果覺得有危險，可以不留倉。或搭配其他商品避險。
3.	流動性差的「滑價」風險	買氣差時，只能降價成交，這就是「滑價」。看得到，吃不到。
4.	指數期貨無法領股利	但是股票期貨可以領股利，而且股利不必繳稅，因而富有的大戶很喜歡改買股期做避稅
5.	每日結算，有短期資金週轉的壓力	股票不必每日結算，但期貨因到期時必須強制交割，所以無法長期持有。不過，每日結算，反而能提醒交易者的風險意識。
6.	每月都必須換倉	若是要持續持有，每月要持續轉倉，所以期貨適合做短不抱長。

製表：方天龍

圖 3-2 妖股不會在股期名單中，有些投機者認為是「缺點」

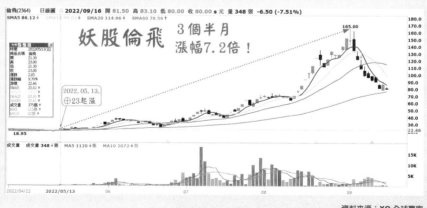

資料來源：XQ 全球贏家

04.
個股期交易成本低，
會比股票融資划算嗎？

粉絲提問：老師，常聽說期貨成本很低，用個股期投資真的會比用融資買股票賺更多嗎？

天龍回覆：從槓桿的角度來看，融資股票大部分是自備款只要 4 折（現股總金額的 40% 價格），有些個股還會是 5 折或 6 折。就以最好條件的 4 折來算，槓桿也只有 2.5 倍（$1 \div 0.4 = 2.5$）而已；而個股期的自備款只要現股的 13.5%，槓桿約為 7.4 倍（$1 \div 0.135 = 7.4$）。這樣比較就知道，同一檔股票、同樣的資金，我們能從做股期賺到的錢，一定是比從融資股票賺得更多。

・股票稱「投資」，股期一般叫做「交易」

不過，這裡必須強調一下，我們通常稱股票為「投資」，而股期是「交易」，因為股期是一種契約。這項契約裡，你還必須知道它的「保證金制度」。這在我們往後的單元裡，會再詳述。

保證金，大約分為「原始保證金」、「維持保證金」和「結算保證金」三種。我們在操作個股期之前，就必須有「原始保證金」的錢才能交易。而原始保證金是分為三種級距的，每一檔股期都不一樣，可以看期交所的網頁：https://www.taifex.com.tw/cht/5/stockMargining，這裡就有所有個股期的一覽表。

圖 4-1 股期、股票、融資的成本比較

	股期	股票	現股融資
利息	無	無	年利率 6% 左右
交易稅	買賣各繳 10 萬分之 2	買進：免 賣出：千分之 3	買進：免 賣出：千分之 3
手續費	用 1 口來計算 一般打 5 折，約 50 元。 買＋賣，共 100 元。	千分之 1.425 一般打 5 折 用 2 張來計算 買＋賣都必須付費	千分之 1.425 一般打 5 折 用 2 張來計算 買＋賣都必須付費

製表：方天龍

圖 4-2 股票期貨保證金的三個等級

個股期 契約保證金級距	風險價格係數		
	原始保證金 適用比例	維持保證金 適用比例	結算保證金 適用比例
級距 1	13.5%	10.35%	10.00%
級距 2	16.2%	12.42%	12.00%
級距 3	20.25%	15.53%	15.00%

製表：方天龍

05.

交易股期，
要準備多少銀子？

粉絲提問：老師，我只是一個小資族，想試玩一下個股期，不知要有多少資金才行？

天龍回覆：手上的資金當然是越多越好，但是投資比例要越小越好。最好用的是閒錢（別讓生活過不去，還來抽資金），專款專用。至於要多少才夠？不一定，要看所買的個股期的原始保證金是多少。原始保證金的計算方法是：股期價格 ×2,000 股 ×13.5%。因為一口等於 2000 股。舉例來說，台積電股期價格是 478 元，買一口就是 478 元 ×2,000 股 ×13.5% ＝ 129,060 元。這是九月的台積電期貨（台積電期 092），買一口十月的台積電期貨（台積電期 102）則是 478.5 元 ×2,000 股 ×13.5% ＝ 129,195 元。

．買一口小型台積電期貨，兩萬元就夠了

如上所述，買一口台積電股期要 13 萬左右，你最好有 40 萬才玩它（根據高手們的經驗值，買一口糧，最好備三口糧的資金）。那小資族怎麼辦呢？可買一口「小型」台積電期貨（小型台積電期 092），保證金算法為 478.5 元 ×100 股 ×13.5％ ＝ 6,460 元（6,459.75 小數點四捨五入）。如果照「買一口糧，最好備三口糧的資金」的標準，也不過就是有 2 萬元就足夠了。所以，個股期的門檻其實是相當低的。

圖 5-1 小小交易一兩口個股期，一樣可以獲利滿滿。

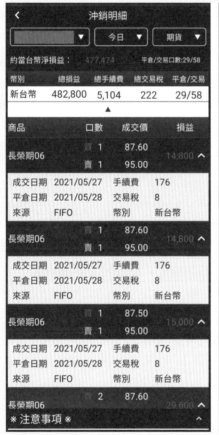

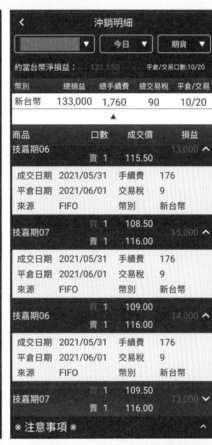

資料來源：天龍特攻隊群組成員

06.

股票期貨的賺賠，是如何計算的？

粉絲提問：老師，我是期市小白，對股期如何賺賠還是沒有概念，是否可以舉實例說明呢？

天龍回覆：股票期貨的賺賠，和很多因素都有關連，包括成本（原始保證金，見圖 4-2 和圖 17-1 等）、跳一檔（Tick）的價差（見圖 16-2）、該扣除的手續費、期交稅（圖 22-1 和圖 22-2）等等都有關係。這些遊戲規則，我們在本書中都會由淺入深、循序漸進、詳細地解說。已經做了多年股票的老手，請稍安勿躁。在本單元中，我就先用簡單的實例說明什麼情況下會賺錢、什麼情況下可能會賠。

・只跳一檔就賣，做股期能賺，做股票卻會賠

台積電的「原始保證金」是屬於第一級距的，13.5%。假設我們買一口十月的台積電期貨（台積電期 102）價格是 480 元的話，那麼原始保證金就是 480 元 ×2,000 股 ×13.5% ＝ 129,600 元。這樣必須出的錢非常少，而如果是買台積電的股票兩張，卻需要 96 萬元。（見圖 6-1 和圖 6-2）相差 7.4 倍！

那麼在同樣的圖例中，我們可以發現：如果台積電從 480 元跳升一檔，漲到 480.5 元，能賺錢嗎？是可以的。從圖表中可知，獲利是 862 元左右。但是，如果我們買的是股票，卻會虧損 3,252 元！

圖 6-1 假設台積電期貨「跳升一檔就賣」可獲得的利潤。

	買進 480 元	賣出 480.5 元
價差	480 元×2,000 股×13.5% ＝129,600 元（原始保證金）	（480.5 元－480 元）×2000 股 ＝1000 元（價差）
手續費	假設是 50 元	假設是 50 元
交易稅	480 元買進 480 元×2000×10 萬分之 2 ＝19.2 元	480.5 元賣出 480.5 元×2000×10 萬分之 2 ＝19.22 元
實際 獲利	手續費＋期交稅＝50 元＋19.2 元＋50 元＋19.22 元＝138.42 元。 價差 1000 元－138.42 元＝861.58 元	

製表：方天龍

圖 6-2 假設台積電個股「跳升一檔就賣」可獲得的利潤。

	買進 480 元	賣出 480.5 元
價差	480 元×2,000 股 ＝960,000 元（買進成本）	（480.5 元－480 元）×2000 股 ＝1000 元（價差）
手續費	假設是 5 折 480 元×2000×0.1425%×0.5 ＝684 元	假設是 5 折 480.5 元×2000×0.1425%×0.5 ＝685 元
交易稅	480 元買進 (買進不必繳證交稅，賣出才需 要)	480.5 元賣出 480.5 元×2000×0.003＝2,883 元
實際 獲利	手續費＋證交稅＝684 元＋685 元＋2,883 元＝4252 元。 價差 1000 元－4252 元＝－3,252 元	

製表：方天龍

07.
為什麼股期是零和遊戲？
我適合開戶嗎？

粉絲提問：老師，個股期貨是否強者欺負弱者的零和遊戲？那我適不適合開戶呢？

天龍回覆：零和遊戲源於數學的博弈論概念，主要指雙方博弈時，一方的得利，必然造成另一方的損失，因而雙方對峙結果的總和永遠等於零。我們生活中最標準的零和遊戲就是打麻將，當四個人在一張牌桌上打麻將，有人贏就肯定有人輸，贏的人賺的錢恰好等於輸的人賠的錢，這就是零和遊戲。

・股期是一種交易，無關道德意識

股票比較不算零和遊戲，因為它包括的範圍較廣；而有人買就有人賣的股票期貨，是比較接近零和遊戲的。所以，要想贏就不能做錯邊。這是一種交易方式，無關道德意識，善良的人一樣可以開戶。

期貨開戶很簡單。如果你是大咖，且又不方便前往期貨商開戶，營業員也可以到你們事先約好的地方幫你辦妥。如果你本來就有大型證券商股票帳戶，他們也可以幫你辦期貨的開戶。近年也很風行「線上開戶」。承辦的期貨商都有網站，並有詳細解說。開戶的新規定是：期貨公會對 70 歲以上交易人設有開戶門檻，包括 250 萬元財力證明及年收入 60 萬元（或以 5000 萬元取代年收入 60 萬元）。

100 張圖搞懂個股期

圖 7-1　期貨開戶的資格條件

身分	本國人	外國人
資格	年滿 20 歲～69 歲（70 歲以上交易人有限制）	年滿 20 歲，在台灣領有居留證者
準備文件	❶身分證	❶攜帶護照正本
	❷第二證件（健保卡或是駕照）	❷居留證正本
	❸約定出入金的銀行存摺	❸銀行存摺正本
	❹攜帶個人的印章。	❹攜帶個人的印章。
辦理期貨開戶方式	線上開戶、臨櫃開戶、營業外場所開戶	臨櫃開戶、營業外場所開戶

製表：方天龍

圖 7-2　期貨開戶的年齡限制

未滿 20 歲	期貨開戶資格一定要年滿 20 歲，未滿 20 歲即使有法定代理人也不符合期貨開戶資格。
超過 70 歲	年滿超過 70 歲以上另需附加 3 樣文件：期貨、證券市場交易滿 10 筆、財力證明新台幣 250 萬元以上、固定收入之證明合計應達新台幣 60 萬元以上

製表：方天龍

08.

為何 70 歲以上就不能玩期貨？
難道資歷是一種懲罰？

粉絲提問：老師，我今年剛滿 70 歲，股票玩了幾十年都沒賺錢，改玩期貨卻被拒絕。怎麼回事？

天龍回覆：很不巧，這是期貨公會最新規定：70 歲以上老人辦開戶須具備以下條件：❶填寫開戶聲明書，表明知悉交易風險並承擔損失。❷具備期貨專業知識的文件。❸ 250 萬元以上財力證明。❹最近一年固定收入 60 萬元以上（或以 5000 萬財產證明取代年收入新台幣 60 萬元的條件）。

這是舊書上不會寫到的變革。不僅如此，新規定中還說，期貨商應「每年」定期重新評估 70 歲以上老人最近一年固定收入，未達 60 萬元，仍不准期貨交易。

・民不與官鬥？官方永遠是說了算

我不明白期貨公會為何特別對老人如此設限？也許是多次意外事件引起相關單位「自保」的措施吧！他們不希望弱勢族群的錯誤，成為承辦單位的包袱！不過，此舉一度引起年長者的反彈，在媒體投書質疑「資歷是一種懲罰」？據期貨公會解釋，這一招主要是在確保老人有能力補保證金，過去確有老人因交易失利、超額損失而繳不出保證金的案例………。最後，此一新變革，官方說了算。年長者抗議無效！

圖 8-1 有錢的老人仍可以操作個股期

有錢老人可以操作個股期的 4 個條件

	條件	解說
1.	填具「70 歲以上交易人開戶聲明書」	表明知悉交易風險並甘願承擔損失。
2.	具備期貨專業知識的文件	曾在期貨、證券市場交易滿 10 筆,或曾任職於證券、期貨、金融或保險機構單位,或有其他學經歷足以證明者。
3.	250 萬元以上財力證明	必須經期貨商評估後的總價值在 250 萬元以上。
4.	一年固定收入 60 萬元以上	見圖 8-2 表列。這個條件也可以用 5000 萬元財產證明取代。

製表:方天龍

圖 8-2 固定收入包含的項目

	條件	解說
1.	營利所得	公司股東所獲分配之現金股利或股票股利、合作社社員所獲分配之盈餘、獨資資本主每年自其獨資經營事業所得之盈餘…等。
2.	執行業務所得	律師、會計師、建築師、技師、醫師、藥師、助產士、著作人、經紀人、代書人、工匠、表演人及其他以技藝自力營生者。
3.	薪資所得	公、教、軍、警、公私事業職工薪資及提供勞務者之所得。
4.	權利金	商標、專利、著作權等供他人使用之權利金所得。
5.	利息	公債、公司債、金融債券、短期票券或銀行存款之利息。
6.	租金	房屋、土地之租賃所得。
7.	自力耕作	漁、牧、林、礦之所得。

製表:方天龍

個股期的遊戲規則

09.
選擇綜合證券商好，
還是期貨商好？

粉絲提問：老師，開戶之前怎麼選擇經紀商呢？是綜合證券好，還是期貨商？

天龍回覆：所有的期貨交易，都要經過期貨商，就連下單的軟體和各種交易有關的軟硬體設備，也多半要用該公司的。所以，選擇適合的期貨商很重要。筆者過去曾在某家期貨商開過戶，但沒多久就換了一家。因為該期貨商看盤軟體的設計，個人覺得不喜歡或不習慣。可見「適不適合」自己，比較重要。何況當時這位超級美女營業員太熱門，手上有 1,800 個客戶，哪有時間照顧你？

・市佔率高不一定好，但有公信力

從前有人認為期貨商可以給出比大型綜合證券較低的折扣，所以主張選擇期貨商。不過，我覺得找適合自己的比較重要。手續費的價格或所謂折讓（即一般說的退佣）問題，不該是新人急於去談的項目。何況股票期貨一向都是「日結」（每日結算）的，並沒有所謂「折讓款」的問題。

請看圖 9-1，這是市佔率較高的幾家期貨經紀商。排行不一定，會有小變化，但我看過好幾個月的資料，大抵是這幾家比較大。市佔率高不一定就比較好，但代表公信力，不妨當作一項參考的因素。

圖 9-1 期貨經紀商市佔率較高的幾家期貨經紀商

交易量前 10 大期貨商

期貨經紀商	市佔率	期貨經紀商	市佔率
凱基期貨	24.79%	富邦期貨	3.2%
元大期貨	21.14%	康和期貨	2.26%
群益期貨	11.63%	元富期貨	2.15%
永豐期貨	6.35%	華南期貨	2.11%
統一期貨	3.63%	國票期貨	1.48%

資料來源：台灣期交所月報表

圖 9-2 選擇期貨經紀商的重點。

1.	手續費	期貨多是「日結」的，所以沒有所謂的退佣。退佣只有股市才有。
2.	軟體介面是否滿意	打電話向營業員下單的時代已經過去了。現代多半都是透過網路電腦、手機 APP 等工具進行下單。所以期貨商的伺服器品質、提供的介面功能是否穩定喜歡，才是重點。
3.	營業員的服務態度	反應不佳的營業員，有時在慌亂中會誤了事；人氣太旺的營業員，也常分身乏術，無法立刻回覆你的請求。雖然現在多半網路下單，但緊急時，這個窗口不可是封閉的。

個股期的遊戲規則

033

10.

期貨分幾類？
哪些個股可以做期貨交易？

粉絲提問：老師，我對期貨的體系毫無概念，到底有哪些個股可以做期貨交易呢？

天龍回覆：期貨主要分成兩大類：商品期貨、金融期貨。「商品期貨」是有實體物品的期貨。包括農產品期貨：小麥、大豆、黃豆、玉米、棉花等。金屬期貨：黃金、白銀、鋁、銅、鉛等。能源期貨：原油、天然氣等。軟性期貨：可可、咖啡、糖三種。「金融期貨」則是跟金融相關的無形產品。包括本書要探討的「股票期貨」，以及指數期貨、外匯期貨、利率期貨等。

· 第一手資料，可查詢期交所官網

每一家期貨商都有自己的網站、看盤下單軟體，或手機內的 APP。從其上就可以看出有哪些個股可以做期貨交易。台灣期交所當然是第一手資料，但這些資料是「死的」，於是有許多專業的機構會自己研發出收費軟體，把第一手資訊加以「活化」，讓交易人更容易輕鬆判讀資訊。

想要知道哪些個股可以做期貨交易？第一手資料可以到「期交所官網」（https://www.taifex.com.tw/cht/5/stockMargining）查詢。台灣期交所→首頁→結算業務→期貨集中交易市場→市場資訊→保證金一覽表→股票類。

圖 10-1 近月股票期貨比較熱門的商品（成交量 2000 口以上）

近月股票期貨商品（成交量2000口以上）				
代碼	商品	成交	漲幅%	總量
FIHSF09	長榮航期092	33.25	+3.42	9322
FICCF09	聯電期092	39.40	+0.90	5807
FICDF09	台積電期092	478.0	+0.95	5787
FICHF09	友達期092	17.20	-0.86	5549
FIIRF09	欣興期092	140.0	+1.08	4204
FINVF09	元太期092	239.0	+4.82	4098
FIDQF09	群創期092	12.00	+2.56	3910
FIQJF09	小型玉晶光期092	439.0	-3.20	3526
FIDAF09	陽明期092	67.8	-2.31	3268
FIDHF09	鴻海期092	107.5	+1.42	3159
FIPEF09	台半期092	91.1	+3.88	3141
FIQFF09	小型台積電期092	478.5	+1.06	2386
FICSF09	華新期092	38.50	+2.67	2252
FILEF09	玉晶光期092	438.0	-3.42	2208
FIQXF09	萬海期092	73.6	-0.54	2071

資料來源：XQ 全球贏家

圖 10-2 近月有量的小型股票期貨商品

	代碼	商品名稱	成交量（口）
1.	FIQJF09	小型玉晶光期 092	3526
2.	FIQFF09	小型台積電期 092	2386
3.	FIQLF09	小型大立光期 092	1919
4.	FIPUF09	小型聯發科期 092	1069
5.	FIQEF09	小型國巨期 092	906

資料來源：XQ 全球贏家

註：092 代表 9 月份

11.
做個股期，
必須參考夜盤

粉絲提問：老師，什麼叫做「電子盤」？「夜盤」？我下班之後能用夜盤買賣「個股期」嗎？

天龍回覆：「夜盤」本不屬於本書的教學範圍，不過，由於學習個股期的新手常常發問，為了讓大家更清楚明白，這個單元特別加以解釋。台灣的「電子盤」指的就是「夜盤」。

電子盤是相對於「人工盤」的稱呼，而不是指期貨的電子類股。電子盤又叫做期貨的「盤後交易」或「夜盤」。台灣有夜盤，始於 2017 年 5 月。它的交易時間是下午 3 時到次日凌晨 5 時，長達 14 小時。加上白天的「日盤」（上午 8：45～下午 1：45）5 小時，總共就有 19 小時。這樣一來，台灣的期市就與國際接軌了。不過，夜盤的股價指數類、匯率類商品都有 19 小時的交易時間，卻不包括個股期。

・夜盤沒有個股期，但交易股期也要參考

到底夜盤可以交易哪些商品呢？請看圖 11-1 表解。夜盤雖然沒有個股期，但做個股期，卻不能不預先參考夜盤。例如 2022 年 9 月 13 日美國勞工部公布 8 月消費者物價指數（CPI）年增 8.3%，較市場預期為高。結果美股狂瀉近 1300 點，這在台灣的夜盤就已呈現出影響力了，請看圖 11-2。

圖 11-1 台灣「夜盤」可交易的商品

	分類	可交易商品	
1.	國內股價指數類商品	臺股期貨(TX)	小型臺指期貨(MTX)
		電子期貨(TE)	臺指選擇權(TXO)
2.	境外股價指數類商品	美國道瓊期貨(UDF)	美國標普 500 期貨(SPF)
		美國那斯達克 100 期貨(UNF)	
3.	原油類商品	布蘭特原油期貨(BRF)	
4.	匯率類商品	小型美元兌人民幣期貨(RTF)	美元兌人民幣期貨(RHF)
		小型美元兌人民幣選擇權(RTO)	美元兌人民幣選擇權(RHO)
		歐元兌美元期貨(XEF)	美元兌日圓期貨(XJF)
		英鎊兌美元期貨(XBF)	澳幣兌美元期貨(XAF)
5.	黃金類商品	黃金期貨(GDF)	臺幣黃金期貨(TGF)
		黃金選擇權(TGO)	

資料來源：台灣期交所

圖 11-2 美股暴跌，台指期夜盤即已反映在先，做個股期必須參考

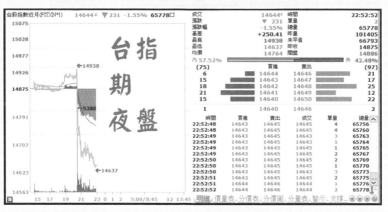

資料來源：XQ 全球贏家

12.

個股期如何下單？
又是如何交易？

粉絲提問：老師，個股期如何下單？交易過程大致是如何呢？

天龍回覆：首先你必須知道，個股期的交易時間和股票是不一樣的。股票是上午 9 時到下午 1 時 30 分，只有 4 小時半；而個股期則是上午 8 時 45 分到下午 1 時 45 分，整整 5 小時。

如何買賣股票期貨？簡單 3 步驟是：❶ 先到期貨商開立「期貨戶頭」。❷ 存入足夠的保證金到你的「期貨保證金專戶」。❸ 下載電腦或手機下單軟體。在你下單前，必須檢查「保證金專戶」錢夠不夠。

·找到股票期貨位置，從標籤層層進入即可

很多年輕人由於上班不方便看電腦，多半使用手機看盤下單。以下就介紹如何使用手機的 APP 下單方法。請看圖 12-1，這是以元大證券的 APP「投資先生」為例（其他家的下單軟體也大同小異）：

先在「元大證券客戶」登入。然後在下單處選「期貨」，然後在「期貨」處選「股票」（因為你要做的是股票期貨，而不是指數期貨）。最後要點選你要的標的。圖中所舉的例子是你選到「小型玉晶光期貨」（小型玉晶光期 092，代碼是：FIQJF09）。然後，按「買進」就行了。

圖 12-1 手機下單的流程

手機下單的流程：登入→交易→下單→期貨→股票→股期標的→買進

❶下單→選「期貨」　❷期貨→選「股票」　❸從表單中找到你要的股期

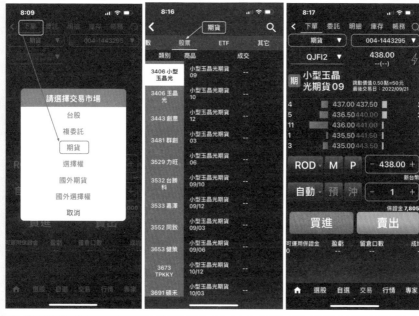

資料來源：投資先生

13.
委託下單方式，
有什麼需要注意的？

粉絲提問：老師，個股期的委託下單，有什麼細節需要注意呢？

天龍回覆：下單交易股期，主要有 4 種方式：當面委託、電話下單、電腦下單與手機下單。如今投資人多數都採取網路下單交易。其中，電腦下單的好處在於，因電腦效能強、系統穩定、螢幕大，可以顯示較多資訊；至於手機下單的最大優勢，就在於「方便與隱密」，隨時隨地可以看盤、下單交易，以元大的「投資先生」APP 為例，點開 APP 後可以看到介面中有個「期貨行情」的選項，點選進去後，就會看到可以交易的期權商品，選擇想要交易的期貨商品，即可進入下單頁面。

・委託下單，五個細節要看清楚

請看圖 13-1，這是以元大證券的 APP「投資先生」為例。圖中所舉的例子是你選到「友達期貨」（友達期 09，代碼是：CHFI2）。然後，按「買進」就行了。

委託下單的細節，主要分五個部分：❶帳號。❷期貨商品名稱（含月份和代碼）。❸買進或賣出的按鈕。❹口數。❺價格。委託下單時要看清楚，同時動作要精確。

圖 13-1 委託下單的五項資訊

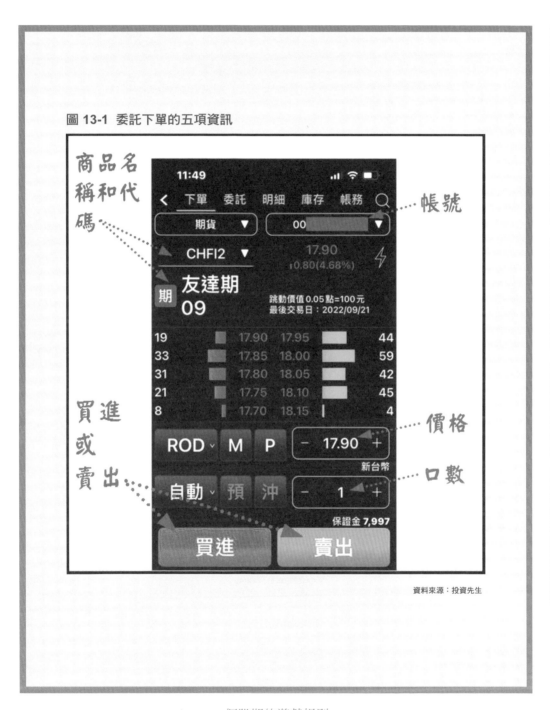

資料來源：投資先生

14.
下單的 ROD、IOC、FOK，代表什麼？

粉絲提問：老師，委託下單時有三個選項，ROD、IOC、FOK，分別是什麼意思呢？

天龍回覆：不論股票或期貨、選擇權，在委託下單的介面中，都有 ROD、IOC、FOK 這三個選項。首先說 IOC(Immediate-or-Cancel)，這是指「立即成交否則取消」，投資人委託單送出後，允許部份單子成交，其他沒有滿足的單子則取消。當投資人掛出市價單時，系統會自動設定為「IOC」。

其次說到 FOK(Fill-or-Kill)，這是指「立即全部成交，否則全部取消」，當投資人掛單的當下，只要全部的單子成交，沒有全部成交時則全部都取消。

・一般都自動設定為 ROD 委託即可

至於「ROD」（Rest of Day），講的就是「當日有效」，和我們以前的股票交易方式一樣，就是「當天委託的有效單」，當你送出這樣的委託單之後，只要不自己刪除委託單，那麼直到收盤前，這張委託單都是有效的。所以，這個交易方式和我們過去都完全一樣，甚至你只要用限價單買進或賣出系統都是幫你自動設定為「ROD」委託。什麼也不必改變。

圖 13-1　委託下單時的三個選項

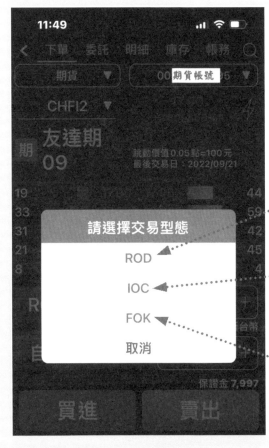

資料來源：投資先生

15.

辦理股期交易的入出金

粉絲提問：老師，股期既然要先匯入資金才能交易，那賣出後何時可以領錢出來？

天龍回覆：期貨交易和股票投資最大的不同，就是期貨交易必須先收款才能操作，而股票卻可以「先買賣成交之後才付款或收款」。也就是說，股票在你買進並且成交的當天，並不必在銀行帳戶有足夠的金額，而只要在成交日後兩個工作天（也就是所謂的 T + 2 日），才會扣款。

至於交易股期，你在事前就必須先將錢存入到你的期貨保證金專戶（這叫做「入金」）。這個帳戶是在你開立期貨帳戶後，期貨商提供給你的「虛擬帳戶」、專屬你個人使用。在你下單的時候，期貨商會先檢查你的保證金專戶內的錢是否足夠，錢要夠才可以下單。

·出金申請要快，宜在下午 2 時之前

匯入期貨保證金專戶，必須由你指定的銀行帳戶匯入，據說這是為了防止洗錢等不法情事發生。當你賣掉或回補（平倉）股期部位的同時，只要你申請「出金」，金額會立即匯入你的期貨保證金專戶。可以說是「零時差」，可不必等 T + 2 日。至於「出金」的時間，請看圖 15-2。

圖 15-1 股期「入出金」遊戲規則

1.	交易期貨之前，你必須先將錢存入到你的期貨保證金專戶。
2.	匯入期貨保證金專戶，必須由你指定的銀行（和期貨商先約定好）帳戶匯入。
3.	平倉後經申請「出金」，當天即可入帳，可謂「零時差」。
4.	入金帳戶可以約定三個，出金帳戶只能約定一個。

製表：方天龍

圖 15-2 股期「入出金」的申請和入帳時間

入金		
日期	申請時間	入帳時間
星期一 ｜ 星期五	24小時	當日入帳
出金		
日期	申請時間	入帳時間
星期一 ｜ 星期五	08:00-10:00	12:30入帳
	10:00-12:00	14:30入帳
	12:00-14:00	15:30入帳

注意：14：00之後申請出金，次日才會入帳。

製表：方天龍

個股期的遊戲規則

16.

個股期漲跌幅
和最小漲跌如何計算

粉絲提問：老師，股期的漲跌幅和最小漲跌單位，是否也和股票一樣呢？

天龍回覆：自從股票市場放寬漲跌幅度至 10%，期貨市場也從 2015 年 6 月 1 日起，同步放寬股價指數類及股票類（包含國內成分股 ETF）期貨及選擇權的漲跌幅度到 10%。漲跌幅度放寬後，就已能充分反映市場資訊、增進市場效率，並提昇台灣期貨市場的國際競爭力。不過，標的證券為國外成分證券指數股票型基金或境外指數股票型基金者，各交易時段最大漲跌幅限制為前一一般交易時段每日結算價上下 15%（但依規定為契約調整者，另訂定之）。

・股期和股票的升降單位，完全一樣

股期的標的為股票者，升降單位規定如下：價格未滿 10 元者：0.01 元。10 元至未滿 50 元者：0.05 元。50 元至未滿 100 元者：0.1 元。100 元至未滿 500 元者：0.5 元。500 元至未滿 1000 元者：1 元。1000 元以上者：5 元。此外，股期的標的如果是 ETF，那麼價格未滿 50 元者：0.01 元。50 元以上者：0.05 元。——如此看來，股期和股票的升降單位的規定是一樣的。這也方便股期交易者的記憶。

圖 16-1 期貨市場漲跌幅度規定

商品類別	內容
股價指數類期貨	每日漲跌幅度，以前一日結算價上下 10% 為限
股票類期貨 (含國內成份股 ETF)	每日漲跌幅度，以前一日結算價上下 10% 為限（但依規定為契約調整者，不在此限）

資料來源：台灣期交所

圖 16-2 股期的最小升降單位規定

最小升降單位	標的證券為股票者： 1. 價格未滿 10 元者：0.01 元。 2. 10 元至未滿 50 元者：0.05 元。 3. 50 元至未滿 100 元者：0.1 元。 4. 100 元至未滿 500 元者：0.5 元。 5. 500 元至未滿 1000 元者：1 元。 6. 1000 元以上者：5 元。 標的證券為指數股票型證券投資信託基金或境外指數股票型基金者： 1. 價格未滿 50 元者：0.01 元。 2. 50 元以上者：0.05 元。

資料來源：台灣期交所

17.
如何搞懂期貨 的「保證金制度」?

粉絲提問:老師,股票期貨的「保證金制度」是什麼?

天龍回覆:「保證金制度」是股期最大的特色。股票可以抱到地老天荒,可是期貨就不行了。「股票只要不賣,就不會賠」這是早年前財政部長郭婉容的名言。可是,股期就行不通了。因為期貨是採「每日結算」方式在進行的。它有「最後交易日」的規定(也就是最後結算日,在每個月的第三個星期三),當時間一到,就必須結束這一期合約、轉為下一期合約(即轉倉),才有辦法繼續賺。

當行情有利於你時,雖然你還沒有平倉,但是每日收盤結算之後,帳戶的「權益數」就會增加;當行情不利於你時,你的帳戶權益數也會同步減少,當權益數持續「下跌到約 75% 附近」就會被通知追繳保證金;如果再「下跌到約 25% 附近」,就可能會被強迫砍倉!

· 原始保證金分三個級距

原始保證金是你必須付出的錢,維持保證金是你必須維持的「權益數」,結算保證金則跟你比較無關。原始保證金也分三個級距,想知全貌,可以到期交所官網查詢:https://www.taifex.com.tw/cht/5/stockMargining

圖 17-1 股票期貨保證金一覽表

一、股票期貨契約保證金一覽表
(一) 標的證券為股票之股票期貨契約　*（局部截圖，請到台灣期交所網站看全貌）*

序號	股票期貨英文代碼	股票期貨標的的證券代號	股票期貨中文簡稱	股票期貨標的證券	保證金所屬級距	結算保證金適用比例	維持保證金適用比例	原始保證金適用比例
1	CAF	1303	南亞期貨	南亞塑膠工業股份有限公司	級距1	10.00%	10.35%	13.50%
2	CBF	2002	中鋼期貨	中國鋼鐵股份有限公司	級距1	10.00%	10.35%	13.50%
3	CCF	2303	聯電期貨	聯華電子股份有限公司	級距2	12.00%	12.42%	16.20%
4	CDF	2330	台積電期貨	台灣積體電路製造股份有限公司	級距1	10.00%	10.35%	13.50%
5	QFF	2330	小型台積電期貨	台灣積體電路製造股份有限公司	級距1	10.00%	10.35%	13.50%
6	CEF	2881	富邦金期貨	富邦金融控股股份有限公司	級距1	10.00%	10.35%	13.50%
7	CFF	1301	台塑期貨	台灣塑膠工業股份有限公司	級距1	10.00%	10.35%	13.50%

資料來源：台灣期交所

圖 17-2 交易人的權益水位

保證金維持程度	面臨狀態	影響
保證金 100%	原始保證金	可以開始下單
保證金 75%	維持保證金	補保證金到 100%
保證金 25%	砍倉	被強制砍倉
保證金 -10%	超額損失（over loss）	補繳欠款

製表：方天龍

個股期的遊戲規則

18.
買賣一口股票期貨保證金
如何計算？

粉絲提問：老師，可不可以用實例教我們怎麼計算買賣一口股票期貨應繳的保證金數額？

天龍回覆：上個單元我們說過，保證金分 3 種：原始保證金、維持保證金、結算保證金。其中原始保證金是你要付的錢，維持保證金是你必須維持的最低保證金額度，結算保證金則跟你無關。為何無關？因為這是台灣期交所為了避免「期貨商可能會有違約」的風險，特別向期貨商收取的保證金。所以，這與你較無直接關係，交易人重要的是要自己會算原始保證金與維持保證金的金額。

·保證金要多少，速算法立刻算出

請見圖 18-1，由於每一檔股票期貨都分屬不同的「級距」，我們可以直接用這個公式代入即可自行算出，而不必依賴任何軟體。

再看圖 18-2，我們分別以南亞期貨、聯電期貨、友達期貨，作為第一、二、三級距的範例，用速算法計算出來（要四捨五入，略去小數點以下數字），再與正式找到的資料比對、驗證，可以發現：果然非常正確！於是，您已學會如何計算買賣一口股票期貨保證金了。

圖 18-1 股票期貨保證金級距

		原始保證金	維持保證金
級距 1	股期算法	期貨價格×2000 股×13.5%	期貨價格×2000 股×10.35%
	速算法	期貨價格×270＝原始保證金	期貨價格×207＝維持保證金
級距 2	股期算法	期貨價格×2000 股×16.2%	期貨價格×2000 股×12.42%
	速算法	期貨價格×324＝原始保證金	期貨價格×249＝維持保證金
級距 3	股期算法	期貨價格×2000 股×20.25%	期貨價格×2000 股×15.53%
	速算法	期貨價格×405＝原始保證金	期貨價格×311＝維持保證金

製表：方天龍

圖 18-2 股票期貨保證金算法的案例

（以 2022.09.16. 收盤價為例）：

	案例	原始保證金	速算結果	維持保證金	速算結果
級距 1	南亞期貨 67.8 元	期貨價格 ×270	18,306 元	期貨價格 ×207	14,034 元
級距 2	聯電期貨 39.9 元	期貨價格 ×324	12,928 元	期貨價格 ×249	9,935 元
級距 3	友達期貨 18.05 元	期貨價格 ×405	7,310 元	期貨價格 ×311	5,614 元

製表：方天龍

19.
什麼叫做「風險指標」？
何時會被斷頭？

粉絲提問：老師，做股期什麼時候會產生危險？什麼情況下會被「催繳」或「斷頭」？

天龍回覆：當你想從股期中獲利時，如果事與願違，仍須在保證金帳戶中維持最低的資金水位。不過，發生虧損時，並非把資金補到「維持保證金」的額度，而是要補回到「原始保證金」的水準。這一點非常重要，請牢牢記住。

那麼，我們帳戶內的資金餘額到底有多少呢？算法是包含將所有部位都平倉後能取回的金額，這叫做「權益數」。你需不需要被催繳或砍倉？就看「風險指標」。計算公式就是把「權益數」÷「原始保證金」，如果風險指標低於 25%，就會被期貨商的電腦系統自動以「市價」砍倉。

・權益總值，關係到你會不會被催繳

請看圖 19-1，期貨商的帳務視窗表格有個「權益總值」，也叫做「帳戶總市值」。它指的是你的帳戶裡所剩的錢，也就是「資金規模」。圖中顯示這個帳戶有 25 萬多元，而實際買進的保證金大約用掉 4 萬多，所以「風險指標」高達 569.95%，距離被砍倉（25%）很遠，所以目前看起來資金很安全。

圖19-1 期貨商的帳務視窗舉隅

我的權益數明細

幣別	約當台幣	未沖銷買方選擇權市值	0.00
全部帳戶交易額度上限	500,000.00	未沖銷賣方選擇權市值	0.00
剩餘交易額度	455,784.00	權益總值	252,012.00
前日餘額	245,706.00	足額原始保證金	44,216.00
存提	0.00	原始保證金	44,216.00
到期履約損益	0.00	維持保證金	33,899.00
權利金收入與支出	0.00	委託保證金	0.00
本日期貨平倉損益淨額	5,750.00	委託權利金	0.00
手續費	210.00	加收原始保證金	0.00
期交稅	34.00	可動用(出金)保證金	207,796.00
本日餘額	251,212.00	超額/追繳保證金	207,796.00
未沖銷期貨浮動損益	800.00	風險指標	569.95%
有價證券抵繳總額	0.00	可動用保證金(不含CN$超額)	207796.00
權益數	252,012.00	資料更新時間	04:47:00

（資料提供：方天龍）

20.

萬一做股期虧損，
可以用股票作抵繳嗎？

粉絲提問：老師，我有很多存股，萬一做股期失敗虧損，可以用股票作資金的抵繳嗎？

天龍回覆：2018 年 2 月 6 日，台股重挫 542 點，期市大跌 528 點，史上罕見。據說有數百人衝向期交所抗議「0206 期貨大屠殺」，因斷頭平倉導致市場違約金高達 13 億。一位家庭主婦投入本金 580 萬，因被期貨商強制一鍵平倉，變成負債 5000 多萬（損失 10 倍數）。這事件造成期交所董事長、總經理下台；「強制平倉」的法律官司，此起彼落；金管會也處分有缺失的期貨商，並將期貨契約加以修改。

‧股票或債券，可以抵繳部分保證金

期貨交易最怕的就是漲停、跌停的情況，以及未收到期貨商催繳通知就被砍倉。所以，我們必須自己隨時注意風險指標，寧可多準備一些資金，不要發生意外事故才來興訟。

萬一沒有現金怎麼辦呢？也可以用股票或債券抵繳作為保證金。不過，並不是所有的股票都能用來抵繳，而且只可以抵繳一部分的比例。台灣期交所有規定，如果不清楚，可以請教您的營業員，他們會用非常專業的經驗給您指導。萬一有交易糾紛，可向圖 20-2 的表列單位申訴或檢舉。

圖 20-1 催繳保證金時可被接受的 3 種來源

1.	現金	匯入保證金專戶即可。
2.	股票	股票必須先打七成計價，且最多只能抵繳 37% 原始保證金。
3.	債券	台灣期交所接受台灣央行發行的公債和國際債，以抵繳不足的保證金。

製表：方天龍

圖 20-2 交易糾紛可向下列各單位申訴或檢舉

	相關機構	電話號碼
1.	行政院金融監督管理委員會證券期貨局	8773-5100
2.	證券投資人及期貨交易人保護中心	2712-8020
3.	臺灣證券交易所	2348-5678
4.	財團法人中華民國證券櫃檯買賣中心	2366-6100
5.	臺灣期貨交易所股份有限公司	2369-5678
6.	其他各證券相關單位	

資料來源：台灣期交所

21.
我的錢不多，可以玩高價的個股期嗎？

粉絲提問：老師，我都是玩零股的小資族，期貨也可以同樣玩高價的個股期嗎？

天龍回覆：股票期貨中，現在有一種叫做「小型契約」的高價股期貨，滿適合小資族的。股票期貨從 2010 年 1 月開始，本來以每一口等於 2000 股的契約為主，目前掛牌的已近 250 檔。2021 年 6 月 28 日起，小資族更可以用股票期貨「小型契約」布局高價股了。請看圖 21-1，這些「高價位股票期貨小型契約」，保證金比起現股的價格都相對的低，很適合小資族參與交易。

・高價位股期小型契約，以 100 股為單位

高價位股票期貨小型契約因契約單位為 100 股，所需保證金相對較少，參與門檻降低後，可提供想要用小額資金參與高價位股票期貨的交易人交易的機會。這種迷你契約的交易日和標的股票的交易日相同，交易時間則是上午 8：45 至下午 1：45。到期月份契約最後交易日的交易時間為上午 8：45 至下午 1：30。它的最小升降單位，和一般股期也是一樣。（同本書圖 16-2）。最後交易日，也一樣是交割月份的第三個星期三。第二個營業日為新契約的開始交易日。

圖 21-1 高價位股票期貨加掛小型契約，持續在增加中

	股票期貨英文代碼	股票期貨標的證券代號	股票期貨中文簡稱	保證金所屬級距	結算保證金適用比例	維持保證金適用比例	原始保證金適用比例
1.	QFF	2330	小型台積電期貨	級距 1	10.00%	10.35%	13.50%
2.	QRF	2357	小型華碩期貨	級距 1	10.00%	10.35%	13.50%
3.	PUF	2454	小型聯發科期貨	級距 2	12.00%	12.42%	16.20%
4.	QMF	2049	小型上銀期貨	級距 2	12.00%	12.42%	16.20%
5.	QGF	2379	小型瑞昱期貨	級距 1	10.00%	10.35%	13.50%
6.	OLF	3008	小型大立光期貨	級距 1	10.00%	10.35%	13.50%
7.	QHF	3034	小型聯詠期貨	級距 2	12.00%	12.42%	16.20%
8.	QJF	3406	小型玉晶光期貨	級距 2	12.00%	12.42%	16.20%
9.	QEF	2327	小型國巨期貨	級距 1	10.00%	10.35%	13.50%
10.	QSF	8046	小型南電期貨	級距 3	15.00%	15.53%	20.25%
11.	OMF	1565	小型精華期貨	級距 1	10.00%	10.35%	13.50%
12.	QIF	3105	小型穩懋期貨	級距 2	12.00%	12.42%	16.20%
13.	QNF	8299	小型群聯期貨	級距 2	12.00%	12.42%	16.20%
14.	PBF	6488	小型環球晶期貨	級距 2	12.00%	12.42%	16.20%
15.	OYF	6510	小型精測期貨	級距 2	12.00%	12.42%	16.20%
16.	PNF	5269	小型祥碩期貨	級距 3	15.00%	15.53%	20.25%
17.	PWF	6669	小型緯穎期貨	級距 2	12.00%	12.42%	16.20%
18.	PYF	3293	小型鈊象期貨	級距 1	10.00%	10.35%	13.50%
19.	QAF	5274	小型信驊期貨	級距 3	15.00%	15.53%	20.25%

整理：方天龍／來源：台灣期交所

個股期的遊戲規則

22.
什麼條件才是合理 的「手續費」？

粉絲提問：老師，我玩股票期貨已經有一段時間了，手續費還是 50 元，合理嗎？

天龍回覆：交易股票期貨，成本很重要。如果成本太高，就會侵蝕到獲利的損益。成本中的手續費和交易稅兩項，需要再研究一下。交易稅是繳給國家的，所以沒什麼好談。股票交易稅是賣出金額的千分之 3(買進不必交)，股票期貨的交易稅是買、賣都要十萬分之二，總共十萬分之四。

至於股票的手續費是成交金額的千分之 1.425，而股票期貨（包括小型股票期貨）的手續費卻是固定的，且是期貨經紀商和你之間議定的事。每一口要多少錢，是你和營業員事先約定好的。

・和股票不一樣，股期沒有「折讓款」

在本書第 9 單元「選擇綜合證券商好，還是期貨商好？」，筆者說過，手續費的折讓（即一般說的退佣），不該是新人急於去談的項目，因為股期多是「日結」而沒有退佣。但手續費能談得越低越好，只要能談出較低的費用，相對的，您的獲利就能夠提高。一般行情是 20 至 50 元。不過，所謂合不合理，請看圖 22-2 的表解。券商的服務品質、設備、風評、實力，是主要選擇和議定的因素。

圖 22-1 股票和股票期貨的交易稅和手續費比較

	股票	股票期貨	小型股票期貨
交易稅	買進，不必抽稅。賣出，抽取賣出金額的千分之 3	買、賣，各要付 10 萬分之 4	買、賣，各要付 10 萬分之 4
手續費	成交金額的千分之 1.425 交易量變大之後，也可以談折讓（退佣）現今網路下單，多半打 5 折。	每一口的金額是固定的，新手多半是 50 元交易量變大之後，可以商議改為較低費用。一般行情為 15-50 元。	每一口的金額是固定的，新手多半是 50 元交易量變大之後，可以商議改為較低費用。一般行情為 15-50 元。

製表：方天龍

圖 22-2 手續費合不合理的選擇和議定因素

1.	你自己的實力如何？	一般新手或交易量不大的小資族，營業員通常直接告訴你：50 元。
2.	期貨商實力如何？	某些大型期貨經紀公司國內外期貨商品齊全、下單系統完善、網路設備穩定、又有技術員支援，因而在期貨手續費上就不太可能給你太好的優惠。除非你是大咖！
3.	期貨商風評如何？	可以問問股友，他們的期貨商商品是否齊全、網路環境會不會常出狀況？例如價格會不會因交易量過大、系統就被卡住了？聽聽朋友的使用經驗最真實可靠。
4.	營業員服務品質如何？	現在多半網路下單，但是有良好的營業員熱誠互動時，也會讓自己的操作增添不少安全感。這樣的營業員手續費高一點，就別太計較。

製表：方天龍

23.
■「退佣」是什麼？
■「日結」好，還是「月退」好？

粉絲提問：老師，群組裡有人貼成交單，他做個股期手續費只有 17 元耶，怎麼這麼低呢？到底「退佣」是什麼？「日結」好，還是「月退」好呢？

天龍回覆：「退佣」（「折讓」）是指券商在手續費折扣之後退還給你的錢。網路下單，一般都打 6 折，如果你月成交量夠大，還有更多的折讓。「日結」還是「月退」好？資深營業員說：一般券商的電子下單都是設定日折（日退）直接少收，若高於券商原本優惠折數，營業員申請時可選擇日折或月折。基本上，券商會比較希望客戶採用日折，現在除非客戶特別要求才會申請月折！另外每月日折及月折的總數字不一定相同，若打的筆數多金額小，因為小數點進退位及最低 20 元手續費的原因，還是有差！

・所有的期貨商品，都是「日結」（日折）的

這裡要先說明一下，「日結」和「月退」的說法通常只適用於股票類，期貨每一口單都是「日結」的。我們「天龍特攻隊」優質群組每天都有成員分享他（她）的成交單。我們從其中可以發現每一家券商的情況都不一樣。請看圖 23-1，這是其中一位粉絲分享的成績單。她的手續費低到只有 15 元。當然還有更低的。

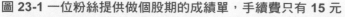

圖 23-1 一位粉絲提供做個股期的成績單，手續費只有 15 元

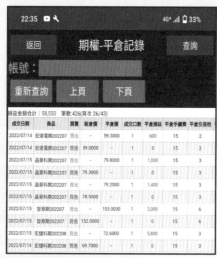

右下角：資料來源：天龍特攻隊群組成員

個股期的遊戲規則

PART **2**

個股期的
特性

24.
什麼叫做「近月」、「遠月」？

粉絲提問：老師，「近月」和「遠月」是什麼？有什麼區別？

天龍回覆：期貨市場在交易時都是一種合約，由於訂定的契約時間有所不同，所以就有「近月」合約和「遠月」合約的分別。所謂「近月」合約，顧名思義就是「最近」在交易中的契約。凡是履行商品交易時，快到結算日期但還沒到期的就是近月合約。也就是說，它離交割月份比較近，但還沒到交割月份。相反的，當履行商品交易時，離結算口期相對較遠的，則是遠月合約。

近月合約和遠月合約的區別，主要是交易周期的長短不同。有的人是覺得相當看好某一檔個股期，而又覺得目前價格較低就先買了遠月合約。不過，一般來說，近月的比遠月的流動性較好。

‧近月的口數，都比遠月的口數大

請看圖 24-1，這張股票期貨的報價中，長榮 10 月份的股期成交價是 155 元，11 月份的長榮期也一樣，可是前者（近月合約，總量 6,356 口）就比後者（遠月合約，總量 974 口）的成交量大。鴻海也是如此，近月合約 107 元，有 3,362 口；遠月合約 107.5 元，只有 2,163 口。

圖 24-1 近月和遠月合約的比較圖

股票期貨

中文簡稱	成交	買進	賣出	漲跌	漲幅%	總量 ▽
2618長榮航102	28.85s	28.85	28.90	▲ 0.25	+0.87	14502
2303聯電102	38.05s	38.05	38.10	▼ 1.15	-2.93	9455
2603長榮102	155.0s	155.0	155.5	▼ 0.50	-0.32	6356
2330台積電102	436.5s	436.5	437.0	▼ 14.50	-3.22	6309
2498宏達電102	55.6s	55.4	55.6	▼ 0.90	-1.59	6243
8069元太102	220.5s	220.5	221.0	▲ 3.00	+1.38	5118
3035智原102	136.0s	135.5	136.0	▼ 4.00	-2.86	4616
5425台半102	75.0s	74.9	75.0	▼ 1.30	-1.70	4013
2330小型台積電102	437.0s	437.0	437.5	▼ 14.00	-3.10	3716
3037欣興102	119.5s	119.0	120.0	▼ 4.50	-3.63	3658
2388威盛102	79.1s	79.0	79.1	▲ 0.40	+0.51	3479
2317鴻海102	107.0s	107.0	107.5	▼ 0.50	-0.47	3362
2609陽明102	64.7s	64.5	64.8	▼ 0.10	-0.15	3004
2615萬海102	72.8s	72.7	72.8	▼ 0.80	-1.09	2674
3443創意102	604s	603	604	▼ 7.00	-1.15	2207
2317鴻海112	107.5s	107.0	107.5	▼ 0.50	-0.46	2163
1605華新102	39.00s	39.00	39.05	▼ 0.35	-0.89	2162
3189景碩102	99.7s	99.6	100.0	▼ 1.30	-1.29	1909
3406小型玉晶光102	362.0s	361.5	362.0	▼ 7.50	-2.03	1651
2610華航102	20.30s	20.20	20.25	▲ 0.20	+1.00	1540
3008小型大立光102	1845s	1845	1855	▲ 5.00	+0.27	1464
2454小型聯發科102	566s	566	567	▼ 21.00	-3.58	1439
2313華通102	46.35s	46.30	46.35	▼ 0.20	-0.43	1372
2303聯電112	38.10s	38.05	38.10	▼ 1.10	-2.81	1360
2882國泰金102	40.50s	40.45	40.60	▼ 0.30	-0.74	1344
5009榮剛102	31.80s	31.75	31.80	▲ 0.65	+2.09	1272
0050元大台灣50ETF10...	105.90s	105.80	106.00	▼ 2.10	-1.94	1245
8046南電102	203.0s	203.0	203.5	▼ 4.50	-2.17	1124
2330台積電112	437.5s	437.0	437.5	▼ 14.00	-3.10	1042
3006晶豪科102	68.4s	68.4	68.5	▼ 1.90	-2.70	993
9945潤泰新112	54.1s	53.6	54.1	▲ 0.90	+1.69	993
9945潤泰新102	53.8s	53.5	53.9	▲ 0.50	+0.94	988
2603長榮112	155.0s	155.0	155.5	▼ 0.50	-0.32	974

（資料來源：XQ 全球贏家）

個股期的特性

25.
什麼叫做「結算日」？
怎麼應對行情的波動？

粉絲提問：老師，做股票時，常聽做期貨的朋友說到「結算日」，這是什麼？如何看待那天的波動？

天龍回覆：期貨結算日，就有如百米短跑比賽來到了終點，一定是非常受到關注的時刻。在股票期貨到了「結算日」，不管你是賺錢還是賠錢，「醜媳婦總要見公婆」，到每個月的「第三個星期三」之前，大多數的人都在猜測：是拉高結算，還是殺低結算？應對波動行情，惟有留心「觀察」。

凡是看漲的人多，就會呈現多方強勢；看跌的人多，就會呈現空方強勢。多空互博，不論結果是行情持續上漲，還是持續下跌，這一天你的股期交易都必須暫時告一段落。

‧最後結算價，從期交所就查得到所有資料

請看圖 25-1，每月的最後結算價，可以從這裡查詢：https://www.taifex.com.tw/cht/5/sSFFSP。也就是從台灣期交所網址進入→結算業務→股票期貨。在這裡選擇年、月，然後送出，即可獲得資訊。也可以從以下的網址下載檔案：https://www.taifex.com.tw/cht/5/fSPView。這裡可以選擇從××××年×月到××××年的檔案，不過，商品種類必須選擇「股票期貨」。它會給你 EXCEL 的總表。

圖 25-1 最後結算價的查詢網頁

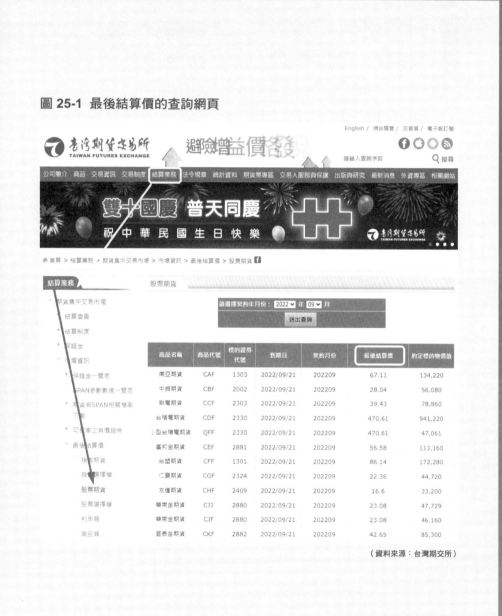

（資料來源：台灣期交所）

26.
什麼叫做
「建倉」、「平倉」、「新倉」？

粉絲提問：老師，「建倉」、「平倉」、「新倉」是什麼意思呢？

天龍回覆：個股期的專有名詞很多，包括「建倉」、「新倉」、「持倉」、「平倉」、「轉倉」等等。這裡的「倉」指的就是「倉位」、「部位」、「頭寸」、「籌碼」等等，猶如股票的庫存持股或庫存量。

「建倉」，算是動詞，它不只是「買進」新的部位的意思，也可能包括「賣出新的部位」之意，因為個股期的操作，多、空都可以做。「新倉」是名詞，指的是這個新買入或賣出的部位。「持倉」就是持有某一部位（就好像股票說的「持股」）。「留倉」就是保留不賣，讓持有部位留到下一個交易日。「平倉」就是將持倉部位以同樣的數量、以相反買賣方向沖銷掉。例如做多就賣掉，做空就回補，這都算是「平倉」。由於這些用法和股票非常像，所以某些投顧老師也老是喜歡套用這些詞彙在講述股票。

・合約有時限，到期就要轉換月份

至於「結算日」的「轉倉」，是將原有多單在到期月份的期貨合約賣出，買進第二個月份的期貨合約；或是將空單到期月份期貨合約買進，賣出次一月份期貨合約。請看圖 26-1 的個股期貨交易流程。

圖 26-1 個股期貨交易流程

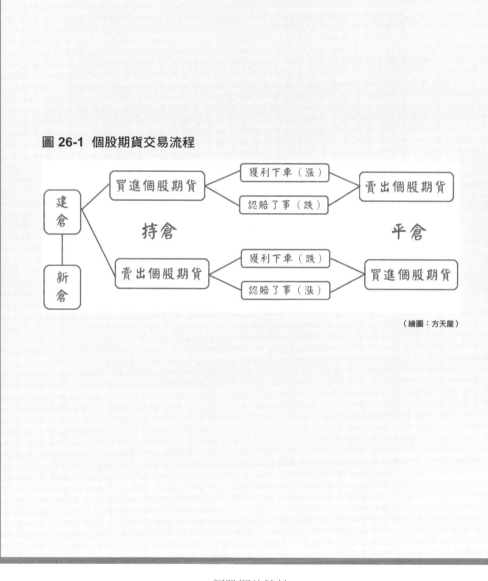

（繪圖：方天龍）

27.
什麼叫做「轉倉」?

粉絲提問:老師,什麼叫做「轉倉」?轉倉的概念是什麼?

天龍回覆:「轉倉」,又叫做「換倉」。換倉的概念,有點像部隊移防,戰爭還要繼續進行,只是換了一個戰場(一月份的股期,換成二月份的股期;或二月份的股期,換成三月份的);又好比是接力賽跑,到期就要「換月做做看」。如果您想要較長期持有某一檔期貨商品,就要在到期前轉換到下一個合約的月份。這個動作就是「轉倉」。

・近月股期才有量,但到期還是要換倉

「股票不賣就不賠」,意指股票是可以「永結同心」一直長期持有下去。可是期貨卻不一樣,「結算日」到期,就必須辦交割,沒辦法天長地久。但因股期的標的是股票,和其他的期貨商品不一樣,所以無法用實物交割,只能以現金交割。「結算價」就是計算你未平倉的股期漲跌盈虧的標準。

請看圖 27-1,股期在市場上總共有 5 個不同到期時間的契約。這裡以「網家期」為例,包括 1 月、2 月、3 月、6 月、9 月。但是,真正有量的就只是近 2 月的股期,這也是為何需要轉倉的另一個主因。

圖 27-1 轉倉的動作最好在結算日前提早做

8044網家期 ▼							
商品	代碼	標的價格	成交	漲幅%	總量	剩餘交易日	保證金
>網家期013	FINUF01	64.1s	64.3s	+1.26	154	2	26042
網家期023	FINUF02	64.1s	64.9s	+2.69	99	14	26285
網家期033	FINUF03	64.1s	64.0s	+0.63	2	32	25920
網家期063	FINUF06	64.1s	--	--	0	98	25799
網家期093	FINUF09	64.1s	--	--	0	161	25799
網家期近月	FINUF*1	64.1s	64.3s	+1.26	154	2	26042
網家期遠月	FINUF*2	64.1s	64.9s	+2.69	99	14	26285
網家期現貨	FINUF00	--	64.1s	+1.26	--	--	--
網家期013-023	FINUF01-02	64.1s	-0.06s	+80.00	15	2	-24
網家期013-033	FINUF01-03	64.1s	--	--	0	2	41
網家期013-063	FINUF01-06	64.1s	--	--	0	2	81
網家期013-093	FINUF01-09	64.1s	--	--	0	2	81
網家期023-033	FINUF02-03	64.1s	--	--	0	14	162
網家期023-063	FINUF02-06	64.1s	--	--	0	14	203
網家期023-093	FINUF02-09	64.1s	--	--	0	14	203
網家期033-063	FINUF03-06	64.1s	--	--	0	32	41
網家期033-093	FINUF03-09	64.1s	--	--	0	32	41
網家期063-093	FINUF06-09	64.1s	--	--	0	98	0

市場上同時存在的股期契約有5種，分別是1月份、2月份、3月份、6月份、9月份。

通常只有最近2個月的股期，才有量能、適合交易。

（資料來源：方天龍提供）

個股期的特性

28.
每個月的「轉倉」該怎麼做？

粉絲提問：老師，「轉倉」的實務操作過程是如何做的呢？

天龍回覆：「看長做短」是轉倉最好的註解了。如果您只想做一個當沖（先買後賣或先賣後買），那就用不著轉倉了。把多單或空單平倉即可。

根據經驗，轉倉最好提早做，因為到結算日價格波動大，萬一碰到意外而錯過行情，或賺不到價差，就不妙了。在多單轉倉時，遠月期貨價格小於近月期貨價格，會比較有利於賺價差；相反的，當遠月期貨價格比近月期貨價格大時，就比較適合空單轉倉時賺價差了。所以，最好能注意一下價位。

·單式單或複式單，看清楚再出手

請看圖 28-1，當您要處理下單時，圖左是「單式」單，就像平常下單時一樣，用它把倉位中的股期平倉即可。圖右，則是「跨月價差委託單」（圖中是 2023 年 2 月的網家期，要轉成 3 月的網家期），又叫做「複式單」。如果 2023 年 2 月的股期是多單，那就是「賣出」，2023 年 3 月的股期就是「買進」。如此一賣、一買，就完成了。如果是繼續看空的空單，那便是買回平倉，再以「賣出」作為「新倉」。

圖 28-1 左是單式單，右為複式單，以「網家期」為例

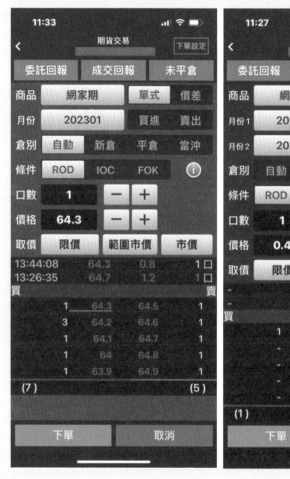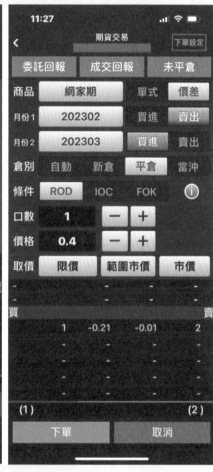

（資料提供：方天龍）

個股期的特性

29.
「跨月價差委託單」
只要用一筆保證金

粉絲提問：老師，那到底是採取單式單較有利呢，還是複式單較好？

每個人使用的券商下單軟體都不一樣，但基本上的格式都大同小異。「轉倉」採用以下兩種方式都可以：❶ 分別下兩張單式委託單。❷ 只下一張跨月價差委託單即可。（請看圖 29-1）

下「單式委託單」的做法，最好先從「遠月」的期貨單下手。假設你是做多的，那麼就先買遠月的股期，再把近月的、也就是你現在手上的股期賣掉。換句話說，就是分兩個動作解決。如果你目前擁有的是多單，就先下遠月的多單；相反的，如果你是看空，就要先下遠月的空單。多空方向，近、遠月都要相同。這樣做的好處，就是避免「抓龜走鱉」，近月的賣掉而遠月的卻因成交量小沒買到。

・跨月價差委託單，盤前暫不受理

這兩種方式的差異，只在「價格」與「價差」。請看圖 29-2，用單式單，由於是兩次交易，所以帳戶內要同時準備 2 筆原始保證金。而「跨月價差委託單」，等於是把轉倉動作「畢其功於一役」，最大好處是只需要準備一筆保證金。不過，複式單在每個交易日開盤前 15 分鐘，不接受委託單。

圖 29-1　單式委託單的轉單流程

	項目	2 張單式委託單	跨月價差委託單
1.	先下遠月單	要與本月委託單的多空方向一致。	看多，則買遠月期貨多單，然後把本月份的多單出掉。
2.	先下近月單	要與本月委託單的多空方向一致。	近月期貨多單先行平倉，然後再買遠月期貨多單。若是空單也一樣。

（整理：方天龍）

圖 29-2　「單式單」與「複式單」轉倉的比較

	項目	2 張單式委託單	跨月價差委託單
3.	保證金	帳戶內要同時準備 2 筆原始保證金。	只需有 1 筆原始保證金即可，以期貨組合部位保證金收取金額較高者計算。
4.	委託時間	每日接受委託時間：08：30 ～ 13：45	每日接受委託時間：08：45 ～ 13：45（開盤前 08：30 ～ 08：45 不接受跨月價差委託單）
5.	出價	依契約「價格」出價	依契約「價差」出價
6.	手續費	口數×手續費×2	口數×手續費×2
7.	交易稅	(契約價值×10 萬分之 2)×2	(契約價值×10 萬分之 2)×2

（整理：方天龍）

個股期的特性

30.

股票期貨也有 ETF 商品嗎？

粉絲提問：老師，股票期貨也有 ETF 商品嗎？

天龍回覆：是的，ETF 雖然是「指數股票型基金」，但它也屬於股票期貨的商品。請看圖 30-1，台灣期交所目前推出的共有 9 檔 ETF 期貨。它的期貨契約為一口＝ 10,000 受益單位。如果你仔細看這 9 檔，可以發現有 7 檔是與中國大陸有關。

這些 ETF 多半是以大陸股市知名的股價指數為基金標的物，例如滬深 300 與上證 180。這些 ETF 期貨，是以新台幣計價的，所以沒有其他陸股指期貨可能產生的匯率風險問題。

· 漲跌幅限制，境內與境外有所不同

ETF 期貨每日的漲跌幅如何呢？若標的是國內成分證券指數型基金，為前一交易日結算價的上下 7%，若是國外成分證券指數股票型基金或境外指數股票型基金，則漲跌幅限制為上下 15%。至於最小的升降單位，凡價格不滿 50 元者：0.01 元（每一最小跳動點值為新台幣 100 元）。價格在 50 元以上者：0.05 元（每一最小跳動點值為新台幣 500 元）。

圖 30-1 標的證券為受益憑證之股票期貨契約

序號	股票期貨英文代碼	股票期貨標的的證券代號	股票期貨中文簡稱	股票期貨標的證券	結算保證金	維持保證金	原始保證金
1	NYF	0050	元大台灣50ETF期貨	元大台灣卓越50證券投資信託基金	52,000	54,000	71,000
2	NZF	0061	元大寶滬深ETF期貨	元大標智滬深300證券投資信託基金	12,000	13,000	17,000
3	OAF	006205	富邦上証ETF期貨	富邦上証180證券投資信託基金	18,000	19,000	25,000
4	OBF	006206	元大上證50ETF期貨	元大中國傘型證券投資信託基金之上證50證券投資信託基金	21,000	22,000	29,000
5	OCF	006207	FH滬深ETF期貨	復華滬深300 A股證券投資信託基金	16,000	17,000	22,000
6	OJF	00636	國泰中國A50ETF期貨	國泰富時中國A50證券投資信託基金	13,000	14,000	18,000
7	OKF	00639	富邦深100ETF期貨	富邦深証100證券投資信託基金	10,000	11,000	14,000
8	OOF	00643	群益深証中小ETF期貨	群益深証中小板證券投資信託基金	10,000	11,000	14,000
9	PFF	0056	元大高股息ETF期貨	元大台灣高股息證券投資信託基金	11,000	12,000	15,000

（資料來源：台灣期交所）

個股期的特性

31.

期貨的 ETF 和現股的 ETF
有何不同？

粉絲提問：老師，期貨的 ETF 和現股的 ETF 有什麼不同呢？

天龍回覆：在現股和信用交易中的 ETF，是一般資深股友都很熟悉的商品。它的原文為 Exchange Traded Funds，是一種交易模式與股票完全相同，但交易稅僅為股票三分之一的基金（股票是千分之 3，ETF 是千分之 1）；ETF 與期貨相比，也不會有結算日的問題。

但是，卻有些新手沒想到 ETF 也有期貨，也有人不曉得「期貨契約為一口＝ 10,000 受益單位」的意思。簡單地說，1 口 ETF 期貨就等於 10 張 ETF 現股。比較需要注意的是，台股 ETF 期貨交易時間是上午 8 時 45 分到下午 1 時 45 分，陸股 ETF 期貨的交易時間則是到下午 4 時 15 分收盤。

·ETF 期貨，在多空操作上比現股靈活

請看圖 31-1 和 31-2，比起 ETF 的現股和融資融券，ETF 期貨財務槓桿更高（ETF 期貨約 12-13 倍），避險效果也最好。具有現貨 ETF 避險需求者，例如 ETF 發行投信、ETF 的權證莊家與 ETF 造市者等，利用 ETF 期貨避險，比用指數期貨避險效果更好。何況 ETF 期貨在當沖上也沒有資格限制。

圖 31-1 ETF 期貨、現股、信用交易的比較。

	ETF 期貨	現股	信用交易
手續費	買賣各按口計收,各期貨商與交易人自行議訂(例如手續費 1 口是 100 元,標的股價 12.5 元,手續費就約占契約價值的千分之 0.8)。	買賣各千分之 1.425。	買賣各千分之 1.425(融券尚有融券手續費,約 0.08%)。
利息成本	無	無	融資利率約 6.25%。
利息收入	無	無	融券擔保品及保證金收益(融券利率約 0.2%)
交易稅	買賣各徵收期貨契約價值的 10 萬分之 2(例如買一口寶滬深期貨,價格 12.5 元,則課徵 12.5×10,000 單位×10 萬分之 2 = 3 元)。	賣出時課徵成交價金的千分之 1。	賣出時課徵成交價金的千分之 1。

(資料來源:台灣期交所)

圖 31-2 買進 ETF 期貨、ETF 現股、融資買進 ETF 的比較。

台灣 50(0050)		價格	手續費支出	利息支出	交易稅	交易成本合計
ETF 期貨	買進 1 口	65 元	100 元	無	13 元	226 元
	賣出 1 口	66 元	100 元	無	13 元	
ETF 現股	買進 10 張	65 元	926 元	無	無	2,527 元
	賣出 10 張	66 元	941 元	無	660 元	
信用交易	融資買進 10 張	65 元	926 元	557 元	無	3,084 元
	融資賣出 10 張	66 元	941 元	無	660 元	

(資料來源:台灣期交所)

個股期的特性

32.
什麼叫做「正價差」、「逆價差」?

粉絲提問：老師，什麼叫做「正價差」、「逆價差」？它們會改變嗎？

天龍回覆：股票期貨的價格高於現貨價格，就叫做「正價差」；低於現貨價格，則稱為「逆價差」。股期和現貨價格的差距，就是「價差」。一般來說，做股票的人也會參考這個數據，因為「價差」的變換，就反映了市場上對多空看法的心態。但是，到了結算日，兩者間的價格就會慢慢變成一致。

請看圖 32-1，這是某一天的收盤報價結果。其中，11 月的「裕民」股期是 34.85 元，而它的現貨收盤價卻是 34.75 元，所以，股期價格比現貨高，就叫做「正價差」。又如「華航」11 月的股期是 16.4 元，而它的現貨收盤價卻是 16.55 元，現貨價格比股期高，這就叫做「逆價差」。

‧法人的轉倉動作，也會造成正逆價差的改變

由於股票期貨有到期日，儘管正逆價差都會收斂到 0，判讀正逆價差，還是容易成為「價格發現」的指標。不過，影響正、逆價差的因素很多，例如法人在到期日之前的轉倉動作，也會大幅度造成波動。因而逆價差突然轉為正價差，也並非沒有可能。

圖 32-1 股票期貨在正逆價差報價上的觀察。

股票期貨

中文簡稱	成交	買進	賣出	漲跌	漲幅%	總量
2603長榮112	135.5s	135.5	136.0	▼2.00	-1.45	10759
2603長榮1122	136.5s	134.0	136.5	▼0.50	-0.36	1
2603長榮122	135.5s	135.5	136.0	▼1.50	-1.09	855
2603長榮1現貨	135.5s	--	--	▼1.50	-1.09	--
2603長榮現貨	135.5s	--	--	▼1.50	-1.09	--
2605新興112	17.95s	17.50	18.25	▲0.10	+0.56	6
2605新興122	--	17.40	18.30	--	--	0
2605新興現貨	17.80s	--	--	▼0.30	-1.66	--
2606裕民112	34.85s	34.70	35.15	▼0.50	-1.41	94
2606裕民122	34.90s	34.70	35.20	▼0.70	-1.97	15
2606裕民現貨	34.75s	--	--	▼0.65	-1.84	--
2609陽明112	60.8s	60.7	60.8	▼0.80	-1.30	2118
2609陽明122	61.0s	60.6	60.8	▼0.50	-0.81	57
2609陽明現貨	61.0s	--	--	▼0.80	-1.29	--
2610華航112	16.40s	16.40	16.50	▼0.40	-2.38	861
2610華航122	16.45s	16.30	16.45	▼0.30	-1.79	126
2610華航現貨	16.55s	--	--	▼0.25	-1.49	--
2615萬海112	66.2s	66.2	66.3	▼0.40	-0.60	1383
2615萬海1122	--	--	--	--	--	0
2615萬海122	66.9s	66.0	66.3	▲0.40	+0.60	293
2615萬海1現貨	66.5s	--	--	▼0.40	-0.60	--
2615萬海現貨	66.5s	--	--	▼0.40	-0.60	--
2618長榮航112	22.95s	22.90	22.95	▼0.55	-2.34	11978
2618長榮航122	22.80s	22.80	22.85	▼0.55	-2.36	1082
2618長榮航現貨	23.15s	--	--	▼0.35	-1.49	--

（資料來源：XQ 全球贏家）

33.
「未平倉口數」怎麼看？
有什麼觀察方法？

粉絲提問：老師，「未平倉口數」怎麼看？有什麼觀察的方法？

天龍回覆：所謂期貨「未平倉口數」，原文是 Open Interest，通常又簡稱為 OI，也就是做多或做空的期貨契約還沒到期、還沒賣掉的口數。期貨是零和遊戲的市場，只要有人做多，一定就有人做空，才會成交。換句話說，多頭「未平倉」就等於空頭「未平倉」。

股期的「未平倉量」的資訊，和「成交量」一樣有用。通常我們看一檔股期有沒有續航力，就不能忽視這兩者的關係。因為成交量代表交易人的參與意願，未平倉量代表多空彼此之間的持續力道。

・未平倉量代表「潛能」，成交量代表「動能」

請看圖 33-1，這是股期偏多的走勢。裕隆期的未平倉慢慢且持續在增加中，終於成交量爆增了，價格也大漲了，這代表後市看好，值得續抱。再看圖 33-2，這是股期偏空的走勢，高端疫苗的價格一路下挫，但最近 3 天未平倉量、成交量卻同時增加了，這表示有些輸家想要撿便宜，可是趨勢的力道一時也難以改變，最後仍見暴跌，適合空單續抱。由此可見未平倉量代表「潛能」，成交量代表「動能」。

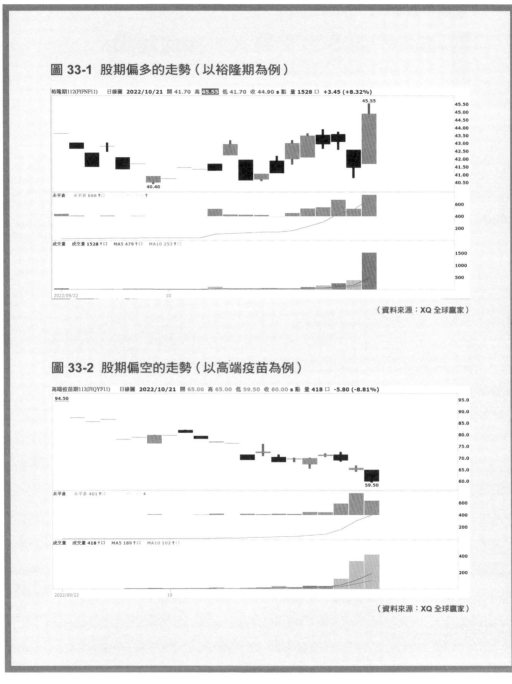

圖 33-1 股期偏多的走勢（以裕隆期為例）

（資料來源：XQ 全球贏家）

圖 33-2 股期偏空的走勢（以高端疫苗為例）

（資料來源：XQ 全球贏家）

個股期的特性

34.
法人、前 5 大交易人，如何解讀？

粉絲提問：老師，所謂三大法人、前 5 大交易人、前 5 大特定法人等等資料，如何解讀？

天龍回覆：我們在操作股票時研究籌碼，可以從券商「分點」去查大戶的買賣資料，以了解主力的多空心態。操作股票期貨，雖然沒有辦法做到那麼細緻，但仍然可以從三大法人、前 5 大、前 10 大交易人等等資料的未平倉資料，去研判多空可能的變化。（台灣期交所每天下午 3 時半會公布）

三大法人，是外資、投信和自營商。至於「前五大、前 10 大交易人」是期貨大戶在各期貨商交易加總後的淨口數排名（用交易者的身分證字號認定的），也就是全市場的前五名留倉口數。

·國安基金，是屬於「特定法人」

期貨商從業人員的帳戶都是 98 開頭（俗稱 98 戶）。所謂「特定法人」也可以從他的「身分碼」看出來，包括證券商（H）、外國機構投資人及陸資（A.B.f.T）、證券投資信託基金（E.G），以及國安基金等等，這些特定帳戶的排名，可查：https://www.taifex.com.tw/cht/3/largeTraderFutQry。也就是到台灣期交所的首頁，點選「交易資訊」，然後在「三大法人」或「大額交易人未沖銷部位結構」中查詢。

圖 34-1 股票期貨的三大法人未平倉餘額。（更新日期：2023/02/02）

| 身份別 | 未平倉口數與契約金額 | | | | | |
| | 多方 | | 空方 | | 多空淨額 | |
	口數	契約金額	口數	契約金額	口數	契約金額
自營商	242,022	68,966	201,458	42,091	40,564	26,875
投信	14,922	36,608	20,280	54,379	-5,358	-17,771
外資	150,877	138,116	300,889	144,907	-150,012	-6,791
合計	407,821	243,690	522,627	241,377	-114,806	2,313

（資料來源：台灣期交所）

圖 34-2 聯電股期的大額交易人未平倉餘額。（更新日期：2023/02/02）

| 契約名稱 | 到期月份（週別） | 買方 | | | | 賣方 | | | | 全市場未沖銷部位數 |
| | | 前五大交易人合計（特定法人合計） | | 前十大交易人合計（特定法人合計） | | 前五大交易人合計（特定法人合計） | | 前十大交易人合計（特定法人合計） | | |
		部位數	百分比	部位數	百分比	部位數	百分比	部位數	百分比	
聯電期貨	2023 02	11,381 (11,381)	63.3% (63.3%)	13,631 (13,631)	75.8% (75.8%)	13,755 (12,755)	76.4% (70.9%)	14,790 (13,065)	82.2% (72.6%)	17,993
	所有契約	11,946 (11,946)	57% (57%)	15,635 (14,649)	74.6% (69.9%)	15,351 (14,351)	73.2% (68.4%)	17,084 (15,659)	81.5% (74.7%)	20,972

（資料來源：台灣期交所）

35.
「有三口糧，才做一口單」
是什麼意思？

粉絲提問：老師，所謂「有三口糧，才做一口單」，如何解釋呢？

天龍回覆：「有三口糧，才做一口單」是一般期貨高手的經驗值。意思是說：你最好要有原始保證金 3 倍以上的錢，放在你的期貨專戶內，才去進行 1 口的交易。這樣比較安全。因為萬一遇到「黑天鵝事件」，被莫名其妙的大量賣單摜殺、崩破買方防守區，甚至打到跌停板，而被期貨商強制砍倉，那就麻煩了。「有三口糧，才做一口單」在「風險指標」這一項資料，就等於 300%。

過去曾經發生過期貨商疑似未通知當事人就把客戶砍倉，不料行情又突然反向而行（例如先殺到跌停，再拉到漲停），導致客戶蒙受重大損失的抗議糾紛。為了避免這種不幸，政府已在規畫新的防範措施，但我們最好能夠自我提醒，不讓悲慘事件發生。自保之道就是多放點錢以免被砍倉而措手不及。

・股期做錯方向，不如先行了斷

不過，也有高手認為，如果是未平倉的波段單一旦被要求補款，倒不如不補，砍倉就砍倉吧！因為既然如此，這檔股期一定是做錯方向了。補了只有更糟。不如換一檔能賺錢的股期。

100 張圖搞懂個股期

圖 35-1 股期小白恐懼交易的原因

1.	新手以為期貨比現貨或其他投資工具複雜。
2.	期貨市場的節奏較快。
3.	期貨的損益波動大,如果交易量小,容易滑價。
4.	期貨多半以短線為主,存股型投資人交易股期不太適應。

（製表：方天龍）

圖 35-2 股期小白自保的注意事項

1.	爭取手續費的優惠,以降低交易成本。
2.	進行交易前先檢查,保證金是否足夠。
3.	萬一價格突然跌停,必須有能力承擔。
4.	隨時注意價格變化,尤其是風險指標。
5.	波段單發現不對勁,寧可砍倉勿硬凹。

（製表：方天龍）

個股期的特性

36.
「海龜交易法」是什麼？有助於個股期操作嗎？

粉絲提問：老師，「海龜交易法」是什麼？有助於個股期操作嗎？

天龍回覆：做期貨的人，不可不知「海龜交易法」。由於期貨的槓桿太大，不嚴守「資金控管」就是期市操作的大忌。「海龜交易法」的由來故事，請看圖 36-1，它的內容和方法則是強調資金配置、進出場和加減碼的交易規則、紀律執行的精神和重要。時至今日，仍有不少高手在推廣，並未褪色。

它的方法並不複雜，說穿了，就是講求 20 日或 60 日的突破買進，跌破賣出。但是為什麼同一套操作系統，有的人成功，有的人卻績效不彰呢？因為缺少「紀律的嚴格執行」。執行是最重要的精神所在。適當的資金運用比例（例如不可滿檔買進），然後順勢加減碼，很多人並非沒學到，而是沒有堅持遵守紀律。

・缺乏耐性和紀律，是機械化交易的大忌

請看圖 36-2，股市小白在盤整期（股價毫無波動力的區間），常常因缺乏耐性和紀律，而失去了未來一大段的行情。海龜交易法是一套機械化的交易系統，它主要是要求學習者避開情緒影響，不可在不應貪婪時貪婪，不該恐懼時恐懼，以免慘賠離場。這種堅守紀律的精神，對個股期操作是有用的。

100 張圖搞懂個股期

088

圖 36-1 「海龜交易法」的背景

1.	由來	源自兩位交易高手（理查‧丹尼斯和威廉‧艾克哈特）的賭注。他們募集一群菁英團隊（13 人），想證明一套成功的交易法是可以後天傳承的呢？還是必須仰賴個人天分。
2.	為何稱海龜	因為理查德曾說「我會像新加坡人培養海龜一樣培養交易員」，因此他的學生也被稱為海龜。他所傳授的交易法也被稱為是「海龜交易法」。
3.	名著作者	克提斯‧M‧費斯 (Curtis M Faith)
4.	作者簡介	他是最成功的海龜成員，在海龜計畫期間，他為理查‧丹尼斯賺進 3,500 多萬美元的獲利。費斯是機械化交易系統和軟體界的先驅之一，目前擔任交易元件公司(Trading Blox, LLC)研發部主管，該公司專門從事交易系統分析和發展軟體。

（製表：方天龍）

圖 36-2 未受過海龜交易訓練的人，常因缺乏耐性和紀律，而錯失未來一大段行情

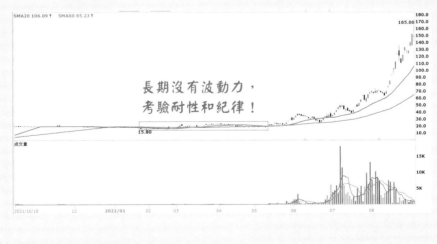

個股期的特性

37.
做股期時，需要看哪些大盤數據作參考？

　　粉絲提問：老師，做股期時，需要看哪些大盤數據作多空參考呢？

　　天龍回覆：股期是一種近似短期的交易，所以看總經的數據，有時緩不濟急。基本上，台指期自然是最直接的多空參考依據。不過，如果您使用的螢幕夠大或夠多，也可以整理出一個版面，兼容「加權指數」（TSE）、「台灣 50 指數」（TW50）、「台灣中型 100 指數」（TWMC）三項數據，並列參考。

　　請看圖 37-1，加權指數和台指期常常是步亦步、趨亦趨，長相左右的，所以，做股期，自然不可免要看「加權指數」，作為多空轉折點的參考依據。再看圖 37-2，「台灣 50」指數由於其成分股，包含台積電高達 47%、鴻海約占 4.8%、聯發科占 4.3% 權重，所以這三檔的比例走勢，決定了多空趨勢。

・好企業一網打盡，股期的公司都不差

　　再看圖 37-3，「台灣中型 100 指數」的所有權是台灣證交所和富時國際公司的，其成分股除了涵蓋「台灣 50 指數」之外，市值最大的前 100 家上市公司，代表了台灣股市最有成長潛力的中型企業。可見一定非常有參考價值。

圖 37-1 操作個股期時，可作為大盤多空研判之一的「台股加權指數」

圖 37-2 操作個股期時，可作為大盤多空研判之二的「台灣 50 指數」

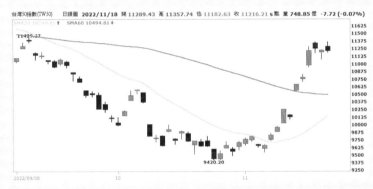

圖 37-3 操作個股期時，可作為大盤多空研判之三的「台灣中型 100 指數」

個股期的特性

38.

「散戶多空比」是什麼？有用嗎？

粉絲提問：老師，「散戶多空比」是什麼？如果我們只專做股期時，這項指標有用嗎？

天龍回覆：做股票的老手都知道，「融資融券餘額」常被視為散戶指標。而在期貨市場，「散戶多空比」也有「異曲同工」判斷多空行情的價值。當散戶的多方期貨合約，扣掉空方的期貨合約後，淨值占「小台」（小型台指期貨）的比重，就叫「散戶多空比」。

期貨交易是一種「零和遊戲」，也就是說，參與交易的雙方有一方賺錢，則必然有另一方賠錢。在不考慮手續費和交易稅的情況下，從長期的歷史經驗來看，散戶多半屬於輸家這一方，所以「散戶多空比」被視為市場反指標，當散戶看多時，指數往往會下跌；當散戶看空時，指數反而容易上漲。

・散戶操作心態，做股期也有參考價值

「散戶多空比」又稱為「小台散戶多空比」，雖然「大台」與「小台」的交易標的都是證交所發行量加權股價指數，不過1口大台需要原始保證金 184,000 元，小台只要 46,000 元。所以大台主要的交易者是法人和大戶，而散戶則主要是操作小台。這項指標對操作股期也有參考的價值。

圖 38-1　2023 年 2 月 2 日的「散戶多空比」

小台散戶多空比

散戶多單＝全市場OI-三大法人多單
散戶空單＝全市場OI-三大法人空單
散戶多空比=(散戶多單-散戶空單)/全市場OI x 100%

-20.74%

散戶多單 **29214**　散戶空單 **38567**

加權指數

（資料來源：永豐期貨）

個股期的特性

39.
從哪裡可以找到「散戶多空比」的訊息？

粉絲提問：老師，從哪裡可以找到「散戶多空比」的訊息？如何查詢和計算？

天龍回覆：事實上，台灣期交所並沒有直接提供「散戶多空比」的數字，必須自行計算。如果你從各大網站或期貨券商去搜尋都找不到的話，也可以申請加入我們的「天龍特攻隊」免費群組（從方天龍的臉書私訊與我聯絡，網址是：https://www.facebook.com/profile.php?id = 100010871283091）。　在「天龍特攻隊」這個優質的群組裡，每天都有很熱心的群友在 LINE 群裡貼上「散戶多空比」以及其他有用的資訊。其實，如果您知道它的定義，也可以自己計算。它的公式是：散戶多空比 = (散戶多單 - 散戶空單) / 小型臺指期貨所有契約未沖銷契約量 × 100%。

·從期交所查資料，自己也能算出散戶多空比

以上的「小型臺指期貨所有契約未沖銷契約量」，用白話文來說，就是「小台的未平倉口數」的意思。計算小台散戶多空比的第一步是取得「小台的未平倉口數」的資料。在期交所網站的「期貨每日交易行情查詢」頁面（https://www.taifex.com.tw/cht/3/futDailyMarketReport），可以查詢（見圖 39-1）。

圖 39-1 以小台為例，2023 年 02 月 02 日的未平倉口數就是 45,090 口

期貨每日交易行情查詢

歷史資料查詢

日期： 2023/02/02

交易時段： 一般交易時段 ∨

契約： 小型臺指(MTX) ∨

送出查詢

前一日　　後一日

日期：2023/02/02

小型臺指 (MTX) 行情表

2023/02/02　08:45～13:45 一般交易時段行情表

單位：口(成交量、未沖銷契約量)

契約	到期月份(週別)	開盤價	最高價	最低價	最後成交價	漲跌價	漲跌%	*盤後交易時段成交量	*一般交易時段成交量	*合計成交量	結算價	*未沖銷契約量
MTX	202302W2	15548	15606	15481	15592	▲197	▲1.28%	299	1065	1364	15592	660
MTX	202302	15547	15600	15468	15582	▲200	▲1.30%	122941	129370	252311	15580	33937
MTX	202303	15501	15564	15436	15550	▲196	▲1.28%	4418	5296	9714	15550	6248
MTX	202304	15464	15521	15397	15512	▲200	▲1.31%	431	628	1059	15510	507
MTX	202306	15415	15463	15336	15449	▲196	▲1.28%	179	469	648	15450	2345
MTX	202309	14871	14939	14810	14939	▲183	▲1.24%	95	152	247	14916	1101
MTX	202312	14780	14846	14730	14839	▲186	▲1.27%	89	161	250	14844	292
							小計：	128452	137141	265593		45090

（資料來源：台灣期交所）

個股期的特性

40.

如何從選擇權的籌碼，判讀多空氣氛？

粉絲提問：老師，除了「散戶多空比」以外，還有什麼可以感受大盤多空氣氛？

天龍回覆：除了小台（散戶多空比），期交所每天公布的資料也透露出很多有用的訊息，例如我們常說的「期權籌碼分析」，其中的「期權」指的就是期貨和選擇權。外資和自營商在期貨市場上動見觀瞻，是有領導作用的族群。散戶想擺脫「被領導」的劣勢，惟有研究一下籌碼的變化狀況。

請看圖 40-1，這份資料可從哪兒去找呢？請上台灣期交所的網站，從首頁→交易資訊→三大法人→查詢→選擇權買賣權分計→依日期。網址是 https://www.taifex.com.tw/cht/3/callsAndPutsDate。

・外資在期市布局，可看台指選擇權

這是 2023.01.17. 的圖例，在這張一覽表中，包括有❶台指選擇權、❷電子選擇權、❸金融選擇權、❹股票選擇權、❺ETF 選擇權。由於篇幅有限，我們只摘錄❶❹❺。但要感受最大咖的外資在期貨市場的布局，仍要看「台指選擇權」，其餘兩者，幾乎只有自營商在「造市」而已。觀察重點是必須每天記錄「契約金額的變化」，否則對於新手的您，不熟悉籌碼數量的高低，如何知道外資心態的變化？

圖 40-1　外資在選擇權市場的布局（日期：2023.01.17.）

選擇權買賣權分計

單位：口數；千元(含鉅額交易，含標的證券為國外或分屬券ETFs或境外指數ETFs之交易量)　　　　　　　　日期2023/01/17

序號	商品名稱	權別	身份別	交易口數與契約金額						未平倉餘額					
				買方		賣方		買賣差額		買方		賣方		買賣差額	
				口數	契約金額	口數	契約金額	口數	契約金額	口數	契約金額	口數	契約金額	口數	契約金額
1	臺指選擇權	買權	自營商	53,089	206,585	53,347	185,524	-258	21,061	59,828	551,148	66,733	747,792	-6,905	-196,644
			投信	0	0	0	0	0	0	200	940	200	4,095	0	-3,155
			外資	28,606	139,619	26,987	155,457	1,619	-15,838	33,660	606,634	18,521	208,060	15,139	398,574
		賣權	自營商	52,287	151,267	58,605	149,704	-6,318	1,563	52,748	192,185	61,434	148,023	-8,686	44,162
			投信	150	225	0	0	150	225	750	296	141	27	609	269
			外資	22,366	104,567	20,201	104,130	2,165	437	31,254	64,862	21,182	69,982	10,072	-5,120
4	股票選擇權	買權	自營商	1	167	1	86	0	81	224	5,507	91	3,305	133	2,202
			投信	0	0	0	0	0	0	0	0	0	0	0	0
			外資	0	0	0	0	0	0	0	0	0	0	0	0
		賣權	自營商	0	0	0	0	0	0	117	84	66	47	51	37
			投信	0	0	0	0	0	0	0	0	0	0	0	0
			外資	0	0	0	0	0	0	0	0	0	0	0	0
5	ETF選擇權	買權	自營商	95	458	11	471	84	-13	419	1,358	108	862	311	496
			投信	0	0	0	0	0	0	0	0	0	0	0	0
			外資	0	0	0	0	0	0	0	0	0	0	0	0
		賣權	自營商	60	6	0	0	60	6	247	40	18	17	229	23
			投信	0	0	0	0	0	0	0	0	0	0	0	0
			外資	0	0	0	0	0	0	0	0	0	0	0	0

（資料來源：台灣期交所）

PART **3**

選股操作的
必要技巧

41.
有什麼模擬測試的免費資源嗎？

粉絲提問：老師，在還不熟悉的時候，有沒有可以模擬測試個股期的免費資源呢？

天龍回覆：有一個免費資源，可以推薦給大家。那就是 CMoney 的「股市大富翁」。不過，由於市面上有關個股期的操作的書原本就很少，一般都把它歸併於期貨，很少人把它獨立出來講解。我個人從前常常向粉絲述說，「股票做得好的人，期貨就做得好，因為它們的原理是一樣的，只是遊戲規則不同而已」。這段話對「個股期」來說，更是如此。

·股期的虛擬操作，和股票最類似

「股市大富翁」的網址是 https://www.cmoney.tw/vt/main-page.aspx。請看圖 41-1，這個虛擬網址，有股票、期貨、選擇權，可以讓你先試試身手，沒有收費，也不是真實的交易下單軟體，但是會幫您算出績效。「我的投資帳戶」底下，您可以增設幾個帳戶，並自己設定暱稱。它主要有股票、期權（分台指期、小台期、金融期、電子期。並沒有個股期，但您不妨用股票來做練習，因為不論個股走勢、多空方的選擇，和「個股期」的操作都沒有兩樣。）

圖 41-1 虛擬投資的免費資源

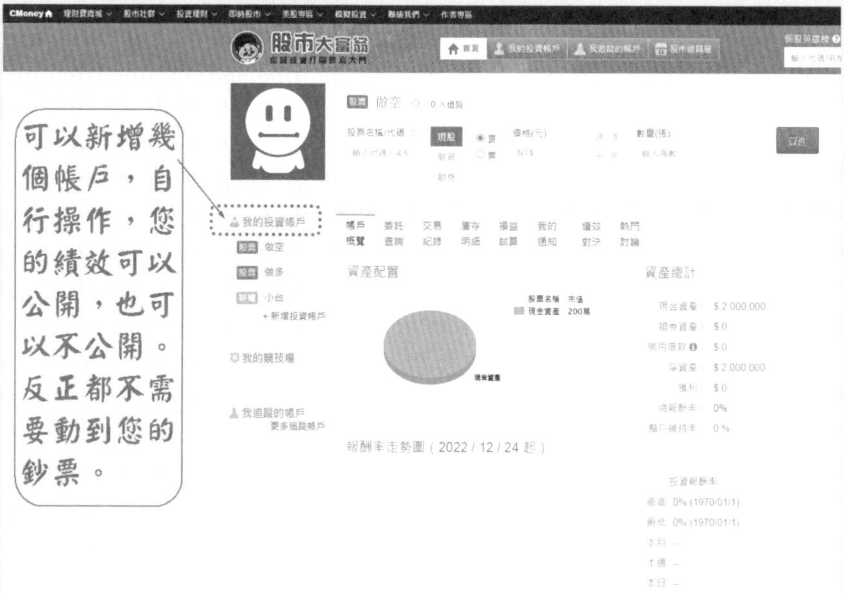

（資源來源：股市大富翁）

42.

在電腦版看盤軟體中，如何設定版面？

粉絲提問：老師，在電腦版看盤軟體中，如何設定版面？

天龍回覆：基本上，電腦版的看盤軟體可以下單，手機也可以下單。但是，除了用手機下單，最好也能有個電腦版的畫面，資訊比較詳實、版面也比較大。當您操作時，就比較專業而細緻。

‧標的選擇以「近二月股票期貨商品」最佳

請看圖 42-1，這是最基本的版型設計。整個版面畫分 5 大塊，圖左可放「近二月股票期貨」的所有報價。可以從這裡選擇股期的標的物。近二月股票期貨商品，是比較有「量能」，不致買不到、賣不掉。因為有時遠月（下一個月）的股期也很有量，所以光憑「近月股票期貨商品」去找，會有遺珠之憾。其次，在名單的左邊，就可同步出現你選出且想看的個股（本圖是以「裕隆期」為例）。

圖 42-2 右上方，分為兩小塊，也可以說是一大塊，因為都是所選出的「股期」相關資料。圖右下方這一塊，也一樣是兩塊（其實是相關的一大塊）。可說是股期的對照組，因為當你選出的股期，可從標的股票去觀察走勢變化，以供準備下單的股期作參考，從而決定進出場時刻。

圖 42-1　看盤選股用的版面設計

近2月股票期貨報價 （可從這裡選股）	股期的走勢圖
	標的股票走勢圖

（製表：方天龍）

圖 42-2　看盤軟體的一種版面設計

（資料來源：XQ 全球贏家）

選股操作的必要技巧

43.
如何搞懂「看盤軟體」的交易結果？

粉絲提問：老師，怎麼弄清楚某一天的交易結果，以便次日不會手忙腳亂？

天龍回覆：最好能在盤後寫下您的交易紀錄，甚至也可以列出適合自己的表格（我都稱為「股期持倉簡報」），次日才會一目了然。

如果您要盤算一下手上還有什麼股期，以便次日繼續操作，那就看「財務」中的「期權未平倉」，例如圖 43-1，圖中就可以看出，您目前只剩下一檔「百和」的股期，總共還有 4 口，浮動損益就是 4800 元。這個數字在股票操作時，通常稱為「未實現利益」（就是還沒賣掉的意思）。

‧權益數，可以看出您目前的資金規模

再請看圖 43-2，如果我們想看看自己還有多少股期留倉，就可以從「保證金查詢」進入。這裡將有您的權益數的資料。所謂「權益數」就是您目前的資金規模。這裡面包括您的股期保證金（以圖例來說，一口保證金是 16,038 元×4 口＝64,152 元）＋可動用保證金（62,836 元）＝126,988 元。目前的風險指標是 197.94%，很安全，這是看全戶而不是單一股期，跌破 70% 才會催繳。跌破 25% 才會斷頭。

圖 43-1 從「財務」的「權證未平倉」一項，可以看出您還有什麼股期留倉。

| 委託查詢 | 成交回報 | 期權下單暫存匣 | 期權未平倉 | 當日平倉損益 | 保證金查詢 | 期權帳務 |

| | | 全部交易 | | 彙總 | | | 查詢 | | 選取 ▽ |

☑	動作	動作	買賣別	商品名稱	留倉口數	成交均價	參考現價	浮動損益	合計
☐	平倉	轉倉	買進	百和期013	4	58.8000	59.4000	4,800.0000	4,800.0000

（資料來源：XQ 全球贏家）

圖 43-2 從「保證金查詢」可以看到您的「權益數」還有多少

我的權益數明細

幣別	約當台幣	未沖銷買方選擇權市值	0.00
全部帳戶交易額度上限	500,000.00	未沖銷賣方選擇權市值	0.00
剩餘交易額度	435,848.00	權益總值	126,988.00
前日餘額	122,188.00	足額原始保證金	64,152.00
存提	0.00	原始保證金	64,152.00
到期履約損益	0.00	維持保證金	49,184.00
權利金收入與支出	0.00	委託保證金	0.00
本日期貨平倉損益淨額	0.00	委託權利金	0.00
手續費	0.00	加收原始保證金	0.00
期交稅	0.00	可動用(出金)保證金	62,836.00
本日餘額	122,188.00	超額/追繳保證金	62,836.00
未沖銷期貨浮動損益	4,800.00	風險指標	197.94%
有價證券抵繳總額	0.00	可動用保證金(不含CN$超額)	62836.00
權益數	126,988.00	資料更新時間	22:23:03

（資料提供：方天龍）

44.

同一時段，股期和台指期何者操作空間較大？

粉絲提問：老師，在同一時段裡，個股期和台指期何者的操作空間較大？

天龍回覆：台指期和個股期都以「口」為單位，但是，一口台指期的合約價值單位是「一點 200 元」（小台是一點 50 元）。一般多半是指數和大盤比較、股期和個股比較。台指期和個股期的風格和特性也不一樣，但如果以「操作空間」來說，我認為股期的「同一時段的高低空間」顯然比台指期大。

請看圖 44-1，在一個相對的高低檔區間內（2022 年 9 月 12 日～2022 年 12 月 5 日），我們以台指期當天的收盤價為標準來計算。相對低檔 9 月 12 日的收盤是 13,394 點，而相對高檔 12 月 5 日收盤為 14,930 點，其間的漲幅是 11.46%。計算方法是（14,930－13394）÷ 13,394×100% ＝ 11.46%。

・正確選股操作，股期比台指期有利

再請看圖 44-2，我們以同一時段的「國巨」為例，由於股期有結算和轉倉的問題，圖無法畫全，只好以本尊「國巨」為圖例的代表。用同一時段、同樣收盤價計算，可以發現它的漲幅為 49.68%，可見正確的選股與操作方法，股期都是優於台指期的，操作的空間也明顯較大。

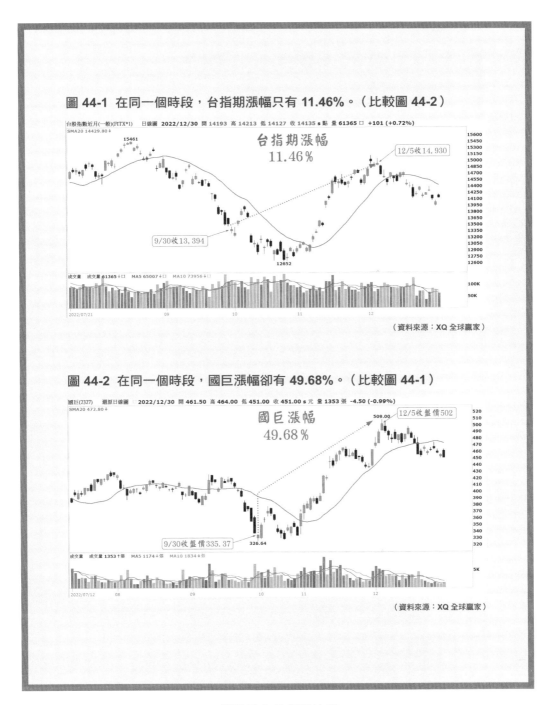

圖 44-1　在同一個時段，台指期漲幅只有 **11.46%**。（比較圖 **44-2**）

台指期漲幅
11.46%

12/5收 14,930

9/30收 13,394

12652

（資料來源：XQ 全球贏家）

圖 44-2　在同一個時段，國巨漲幅卻有 **49.68%**。（比較圖 **44-1**）

國巨漲幅
49.68%

509.00　12/5收盤價502

9/30收盤價 335.37

326.64

（資料來源：XQ 全球贏家）

45.

為什麼有的人要用多個帳戶做個股期？

粉絲提問：老師，我朋友說他的個股期是用多個帳戶在操作。他是怕人家知道嗎？

天龍回覆：這個問題問得好。其實，做股期交易不像股票那樣，有公開的「交易分點」（進出的證券公司或期貨公司），大戶很難掩飾他在何處買賣，因而籌碼研究高手就容易掌握他們的動態方向。但期交所並沒有公布分點資料，所以交易的籌碼不容易曝光，曝光也無所謂。

其實，做個股期的老手所以會用多個帳戶，主要是為了因應不同的交易策略而設的。因為你在做期貨時一旦帳上產生虧損時，就會在「保證金查詢」中的「權益數」被扣款。所以，他為了資金能夠順利地靈活運用，就同時申請了好幾個帳號。例如圖 45-1，就是一人同時擁有兩個帳號的案例。

·不妨申請兩個帳號，一個做多一個做空

兩個帳號的好處是可以一個做波段，一個當沖；或者一個做多，一個做空。股期是採「先進先出」方式結算的，當你一買一賣時，它是會和昨天交易的股期先平倉的（一般菜鳥營業員都懶得幫你改為沖掉今天的股期）。所以為了不麻煩營業員，申請兩個帳號，運用起來就隨心所欲、運作自如。

圖 45-1 許多期貨高手都喜歡運用多個帳號以進行不同的策略運用

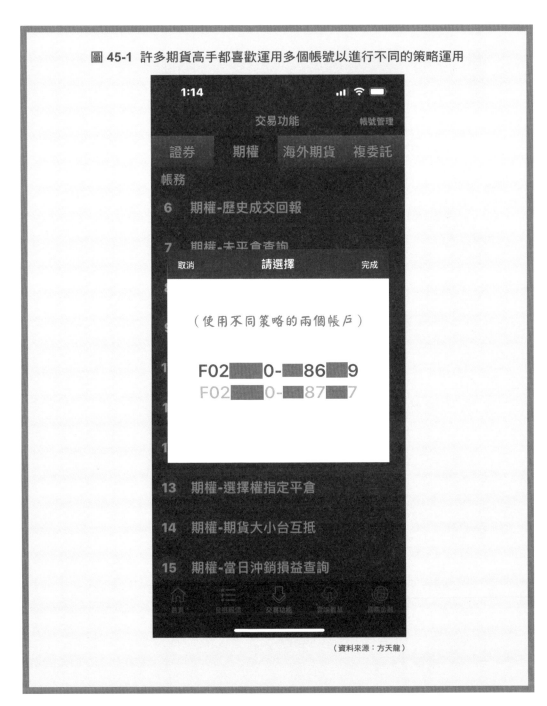

(資料來源：方天龍)

46.

股期「價格發現」之後，如何賺錢？

粉絲提問：老師，股期為什麼有「價格發現」的功能？怎麼利用價格差異賺錢呢？

天龍回覆：首先，股期是上午 8：45 就開始交易了，而股票卻要在上午 9 時才開始買賣，這很明顯就是「價格發現」的功能。其次，因為期貨合約是標準化的，轉手方便、交易頻繁，所以能不斷地產生新的價格；同時，由於透明度高，加上與國際接軌、內行的生產經營者和外資機構的介入，交易者會根據新信息修正原先對市場的看法，形成新的成交價格。所以，它有「價格發現」的帶領作用。

．價格發現之後，有三種價差交易模式

股期既有「價格發現」的功能，那如何利用價格差異賺錢呢？可分三法：❶同時買進與賣出不同到期月份的相同期貨合約，叫做「跨月價差交易」。❷同時買進與賣出不同型態的期貨合約時，稱為「交叉價差交易」。❸在不同市場中，同時買進與賣出相同的期貨合約，叫做「跨市價差交易」。

價差交易對新手來說，稍嫌複雜，不必急於搞懂，先把基本的操作練熟再說。總之，我們必須學會自己判斷，兩個契約之間的價格差距可能會增加或減少，然後從一買、一賣的交易中獲利。

圖 46-1 股期與股票（現貨）的價差，可以發現賺錢契機

近二月股票期貨商品 ▼

代碼	商品	成交	漲幅%	價差
FICAF01	南亞期013	74.6s	-0.40	-0.40
FICAF02	南亞期023	74.6s	+0.13	-0.40
FICAF00	南亞期現貨	75.0s	+0.40	--
FICBF01	中鋼期013	31.30s	+0.64	+0.10
FICBF02	中鋼期023	31.25s	+0.64	+0.05
FICBF00	中鋼期現貨	31.20s	+0.48	--
FICCF01	聯電期013	45.95s	+2.34	0.00
FICCF02	聯電期023	45.85s	+2.12	-0.10
FICCF00	聯電期現貨	45.95s	+2.34	--
FICDF01	台積電期013	505s	0.00	+2.00
FICDF02	台積電期023	504s	-0.20	+1.00
FICDF00	台積電期現貨	503s	-0.40	--
FICEF01	富邦金期013	60.1s	+0.67	+0.30
FICEF02	富邦金期023	60.1s	+0.84	+0.30
FICEF00	富邦金期現貨	59.8s	+0.67	--
FICE100	富邦金1期現貨	59.8s	+0.67	--
FICFF01	台塑期013	88.6s	+0.23	0.00
FICFF02	台塑期023	88.5s	+0.11	-0.10
FICFF00	台塑期現貨	88.6s	+0.34	--
FICGF01	仁寶期013	22.85s	+0.22	0.00
FICGF02	仁寶期023	22.85s	+0.44	0.00
FICGF00	仁寶期現貨	22.85s	+0.44	--
FICHF01	友達期013	15.75s	-1.56	-0.10
FICHF02	友達期023	15.70s	-1.57	-0.15
FICHF00	友達期現貨	15.85s	-0.31	--

（資料來源：XQ 全球贏家）

選股操作的必要技巧

47.
常說股期能「避險」，
實務上怎麼做呢？

粉絲提問：老師，常說股期能「避險」，可是究竟它的細節如何？可否用實例說明？

天龍回覆：股期的散戶通常並非輸在「知識技術欠缺」，而是輸在「資金控管不當」。那麼，如何「避險」呢？方法很多，只要危機處理妥當，就能「全身而退」。

首先是「多頭避險」，指的是：當你看好後市、預期未來價格會上漲，可就持有空頭部位而先進行鎖單；至於「空頭避險」，指的是：當你看壞後市、預期未來價格會下跌，可就多頭部位而先進行鎖單。尤其配發股利前先進行鎖單，不必擔心「股東會回補」的問題。以上這兩者的「鎖單」，就是一種「避險」的概念，用股期直接避險，除了成本低廉之外，還可以避免重大損失。

· 避險策略，能挽救重大損失

請看圖 47-1，我們以「台積電」（2330）為例，來說明避險的細節。假設我們持有 20 張均價為 448.5 元的台積電股票，預期價格會下跌，那就不妨進場賣出 10 口（等於 20 張）它的股期，當股價跌到 440 元時，不避險的人會賠掉 17 萬元，而有避險動作的人，卻只會小賠 1 萬多元。這就是避險之道。

圖 47-1 以台積電為例，說明避險細節。

範例	持有台積電股票 20 張，預期價格將下跌而進行避險。
持股	台積電股票 20 張，價位 448.5 元（2022.12.30.）
進場避險	以 448 元價位賣出 10 口台積電股票期貨。
手續費	10 口×15 元＝150 元。
交易稅	448 元×2,000×0.00004×10 口＝358.4 元。
小計	進場成本為 150 元＋358.4 元＝508.4 元。

實況	台積電下跌到 440 元時，剛好結算出場。
出場	以 440 元價位回補，買進台積電股票期貨
期貨毛損益	（448 元—440 元）×2000 股×10 口＝160,000 元
手續費	10 口×15 元＝150 元
交易稅	440 元×2,000×0.00004×10 口＝352 元
小計	出場成本為 150 元＋352 元＝502 元

未避險股票損失	股票帳面損失： （440 元-448.5 元）×1,000 股×20 張 ＝－170,000 元
避險後的損失	160,000 元—170,000 元—1010.4 元 ＝－11,010.4 元
結論	本來該賠 17 萬元的股票，變成只賠 1 萬多元。這就是避險之道。

48.
股期的「套利」，實務上怎麼做呢？

粉絲提問：老師，股期有「套利」的功能，那麼它的細節如何？可否用實例說明？

天龍回覆：不是哪一檔股票和股期都能套利的。只有當兩者的價格出現不平衡狀態，才會有機可趁。法人資金龐大，比較長於套利。散戶當然也可以進行套利，但因資金小，往往獲利並不多。

請看圖 48-1，當股期的到期日那一天，它會和股票兩者價格收斂到「等於」的程度。但當股票期貨價格被低估──逆價差過大（基差為正）時，預期未來價格收斂，就可以買進股票期貨並同時賣出等值現貨股票，以進行「套利」。又如當股票期貨價格被高估──正價差過大（基差為負）時，預期未來價格收斂，也不妨賣出股票期貨並同時買進等值的現貨股票，來賺取「套利」的機會。

·套利，主要關鍵在於價差要大

從以上的理論來看，只要股票和股期的價差過大，就有套利空間可進行交易。請看圖 48-2，以「鴻海」（2317）為例，若鴻海股價在 96 元，而股票期貨已漲至 100 元時，我們以 100 元價位賣出 1 口鴻海股期，並同時以 96 元買進 2 張股票。這樣的套利，就可以多賺 8,000 元。

圖 48-1 股票和股期到結算日，價格會收斂到等於的結果

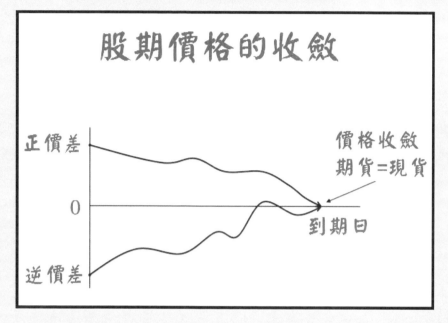

圖 48-2 以鴻海為例，說明套利的方法

範例	鴻海股價在 96 元，股票期貨已漲至 100 元，預估期貨價格高估並進行套利操作。
進場	以 100 元價位賣出 1 口鴻海股期，並同時以 96 元買進 2 張股票。
到期日	到期日鴻海期貨以 90 元結算，股票以 90 元賣出。
期貨毛損益	(100-90)×2000 股×1 口＝20,000 元
股票毛損益	(90-96)×2000 股＝ -12,000 元
合計套利損益	20,000-12,000＝8,000 元

49.
股票期貨與現貨的方向是否相反？

粉絲提問：老師，既然多頭或空頭避險都可以應用期貨，那它們的方向是否相反呢？

天龍回覆：很多人誤以為「指數期貨」避險的用意，是手上持有的股票漲多了，所以放空「指數期貨」來避險，以持盈保泰。其實，這樣的操作方式不但不是真正的避險，還可能侵蝕到原有的獲利。

請看圖 49-1，比較長於避險策略的外資，因為資金雄厚，足以影響行情，以符合他們的預期，所以他們通常分為四個階段進行避險，如果你單看其中一段，常誤以為他們在期貨與現貨的操作是反方向。其實，行情不測，反向避險可彌補損失，但如果單一行情，當然只做同一方向才能擴大戰果。

·避險除了彌補損失，更要擴大戰果

期貨避險的精髓，是在買進或賣出現貨之前，怕還沒買夠或來不及賣完，股價就已經飆上去或殺下來了，所以採取這樣的行動：❶在「進貨的同時」順便「買進期指多單」，利用期指大賺，把進貨的成本降低。❷在「出貨的同時」順便「賣出期指空單」，利用期指大賺，減低可能出現的虧損。

請看圖 49-2，從「穩懋」與「穩懋期」的雙圖比較，就可知若兩者反向而行，就無法擴大戰果了。

100 張圖搞懂個股期

116

圖 49-1 外資利用期貨避險的 4 個階段

初升段	買期貨	賣現貨
上升段	期貨多單續抱	買現貨
末升段	賣期貨	買現貨
下跌段	期貨空單續抱	賣現貨

圖 49-2 以「穩懋」與「穩懋期」為例，說明兩者必須同向才能擴大戰果

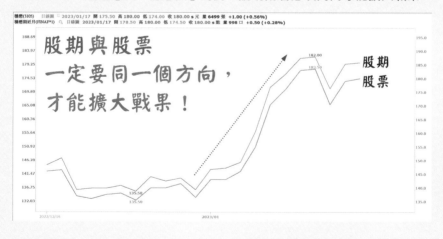

50.
個股期可以做波段嗎？
還是只能做短？

粉絲提問：老師，大家都說期貨只能做短，那如果我想要做波段，可以嗎？

天龍回覆：從個股期的便利性來看，交易者頻頻短線操作，似乎是一種可以預期的常態，尤其在沒有把握或前景不明時，人們也喜歡做短。但這並不意味著股期只能做短。事實上，如果對標的股票的線型以及基本面看得準的話，個股期也是可以做波段的。

愛因斯坦名言：「世界上威力最大的不是原子彈，而是複利。」這對於個股期來說，它的複利效果也是非常顯著。所謂複利效果，可以簡單解釋為利上滾利，利滾利就是「複利」，也就是說把運用個股期所賺到的錢再加入本金，繼續賺取報酬，如果方向沒錯的話，其複利效果也是很驚人的。

·不出金，獲利即刻可增添加碼空間

股期的槓桿大約是 7.4 倍，如果用股期做波段，平倉後經申請「出金」，當天即可入帳，可謂「零時差」。那只要不出金，帳戶裡就會有多出來的保證金權益數，可供你繼續加碼做多。口數就可以增加，一直利滾利下去，「股期」報酬率會變得相當多。另一方面，「股票」賣掉後卻必須等兩天才能入帳。

圖 50-1 以漢唐（2404）為例，股期方向做對，持續加碼做波段，複利效果可觀

（資料來源：**XQ** 全球贏家）

51.
只做多方或空方，
還是多空雙做比較好？

粉絲提問：老師，個股期應該一天之中只做多方或空方，還是多空雙做比較好？

天龍回覆：每個人的判斷能力不同，這是沒有標準答案的。股期和股票一樣，一天之中隨時都有可能漲漲跌跌，不一定是單邊行情（走勢一直往同一個跌或跌的方向發展），也就不一定適合做多或做空。高手可以使用「片段操作法」，在每一個不同的漲跌區塊，自由進行不同的買進或賣出動作。

我們在本書第 42 單元說過，股期標的選擇以「近二月股票期貨商品」最佳。我們最好把這些有股期的股票研究一下，也不過兩百多檔，比起股票近兩千檔簡單多了。當這兩百多檔找到適合做多的，就準備做多；適合做空的，就準備做空。這就形成兩個股票池。至於在盤中若有轉變，再隨機應變。

·看個股做個股期，可設好看盤版面

操作策略上，我們最好先從大方向（例如週線圖、日線圖）研判該做多，還是做空？然後在盤中再依分鐘線去觀察它的多空變化。如果大方向是做多，盤中小跌未必要理它，只要設好停損、停利點即可。請看圖 51-1，這樣的版面設計，就是源於「看個股，做個股期」的思維，提供讀者做參考。

圖 51-1 「看個股,做個股期」提供讀者作版面設計的參考

（資料來源：XQ 全球贏家）

52.
個股期如何從技術面波段做多？

粉絲提問：老師，個股期如果要中長期操作，怎麼選股呢？

天龍回覆：可以先從標的股票，研究是否適合做多。適合個股做多的，通常就適合股期做多。當然，股期的「剩餘天數」有限，基本上如果持續看好，也可以透過「轉倉」的動作，繼續做大波段。

所有的技術分析中，趨勢的重要性最大。趨勢多頭，人隨時都應有持倉；趨勢轉空，做多者絕不輕言上車。所以，為了解趨勢，如果是中長期操作多頭的股票期貨，最好先看看月線圖和週線圖。

・多頭排列的參數，採取大家通用的數字

請看圖 52-1，這是週線圖。為什麼要先看週線圖呢？根據筆者的經驗，通常月線圖呈現大多頭時，股價都已在高處了。我們要發掘的是低基期且基本面良好的個股，不妨直接看週線圖。用 5 週和 20 週的黃金交叉的股票，最是理想。接著再看日線圖。請看圖 52-2，我們從 5、10、20、60 日這四條均線的多頭排列，也可以找到適合中長期操作的個股期標的。當然，筆者授課常強調有些線型超好的股票，有時是「隔日沖大戶」刻意作線以便次日倒貨的。所以，自己要注意，出現這種陷阱也不是不可能。

圖 52-1 從週線圖觀察是否多頭排列，是第一步驟

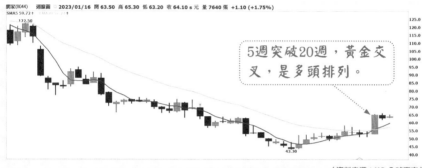

5週突破20週，黃金交叉，是多頭排列。

（資料來源：XQ 全球贏家）

圖 52-2 從日線圖觀察是否 4 線多頭排列，是第二步驟

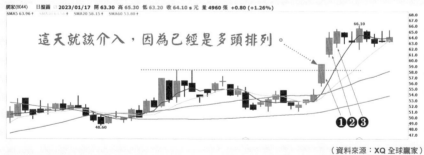

這天就該介入，因為已經是多頭排列。

❶❷❸

（資料來源：XQ 全球贏家）

選股操作的必要技巧

53.
個股期如何從基本面波段做多？

粉絲提問：老師，除了技術面偏多頭以外，如何從基本面找出可以中長期操作股期的標的呢？

天龍回覆：從基本面的總體經濟去看大盤能否做多。依我看，最有用的是四項資料：❶外銷訂單金額的變化。❷台灣貨幣供給額 M1B、M2 的數據。❸外資淨匯入的情況。❹新台幣匯率的表現。

由於我們要做的是個股期，而不是指數期貨，所以我們接下來要注意的是個股的成長性。有成長性的股票，未必列入股期的範疇之中，所以不妨直接從股期中去找。我認為只要看兩項資料即可。其一是資本支出，另一項是營收。

‧直接點出要訣，讓您快速得到答案

請看圖 53-1，這是漢唐（2404）的「資本支出」圖表。資本支出大增，通常是買廠房或增加設備，以應接單之需，也就是代表接下來營運可能有大成長的空間。這時就必須再看圖 53-2，這是營收果然大成長的證據。一般股票我都建議看季營收，但做股期最好是看月營收。最後，我們來驗證一下股價是否噴發了呢？請看圖 53-3，漢唐（2404）營收連續暴增之後，股價就從 129 元狂飆到 201 元了。

圖 53-1 漢唐（2404）的「資本支出」圖表

（資料來源：XQ 全球贏家）

圖 53-2 這是漢唐（2404）營收大成長的證據

（資料來源：XQ 全球贏家）

圖 53-3 漢唐（2404）營收暴增後，股價也跟著攀高了

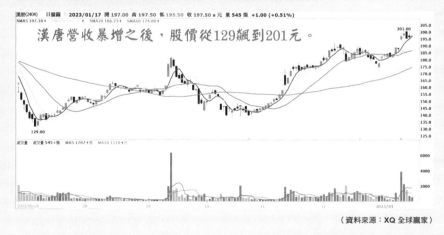

漢唐營收暴增之後，股價從129飆到201元。

（資料來源：XQ 全球贏家）

選股操作的必要技巧

54.

個股期如何從籌碼面波段做多？

粉絲提問：老師，籌碼面是否也能在個股期發揮功能、波段做多？

天龍回覆：個股期是分身，標的股票是本尊，股票可以用籌碼面去波段做多，股期當然也能。不過，台灣期交所並沒有把「分點」大戶的資料公布出來，所以無法像股票那樣牢牢抓住主力的行蹤，但是從大的籌碼方向，仍然可以判斷一些相關的籌碼資料。

期貨有三大法人的多、空交易口數與契約金額、未平倉口數契約金額。不過，他們的三大法人交易資訊，是包含❶自營商、❷投信、❸外資及陸資，這三類都是以眾多法人機構集合而成，無論多方、空方或多空淨額，只代表各種法人不同看法合計互抵的結果，而不是單一特定法人機構的交易策略。

·股期有前五大、十大交易人的部位數資訊

股期的特色是籌碼方面有前五大、前十大交易人的多空買賣部位和未沖銷的部位數（見圖 54-1）。但從標的股票的資料去研判，可能更好。例如股票的❶法人持股。❷融資融券。❸買賣家數差。❹分點主力持股變化。可能更能掌握股期的方向。這些籌碼往往能看出技術面是否有陷阱。

100 張圖搞懂個股期

圖 54-1 股期有「前五大、前十大交易人」的多空部位數資訊

2023/01/17
(交易資訊含所有商品及鉅額交易)

契約名稱	到期月份（週別）	買方				賣方				全市場未沖銷部位數
		前五大交易人合計（特定法人合計）		前十大交易人合計（特定法人合計）		前五大交易人合計（特定法人合計）		前十大交易人合計（特定法人合計）		
		部位數	百分比	部位數	百分比	部位數	百分比	部位數	百分比	
南亞期貨	2023 01	190 (174)	88% (80.6%)	209 (183)	96.8% (84.7%)	211 (208)	97.7% (96.3%)	216 (210)	100% (97.2%)	216
	所有契約	273 (273)	62.3% (62.3%)	359 (314)	82% (71.7%)	405 (405)	92.5% (92.5%)	427 (418)	97.5% (95.4%)	438
中鋼期貨	2023 01	1,013 (677)	73.1% (48.9%)	1,151 (724)	83.1% (52.3%)	1,132 (1,085)	81.7% (78.3%)	1,258 (1,118)	90.8% (80.7%)	1,385
	所有契約	1,930 (1,654)	55.2% (47.3%)	2,508 (2,232)	71.8% (63.9%)	2,776 (2,776)	79.5% (79.5%)	3,066 (2,903)	87.8% (83.1%)	3,494
聯電期貨	2023 01	2,341 (1,831)	59.1% (46.2%)	2,931 (2,171)	74% (54.8%)	2,335 (1,935)	58.9% (48.8%)	2,632 (2,138)	66.4% (54%)	3,962
	所有契約	12,689 (11,703)	57.2% (52.8%)	16,068 (14,572)	72.5% (65.7%)	15,387 (15,387)	69.4% (69.4%)	18,071 (16,622)	81.5% (75%)	22,170
台積電期貨	2023 01	2,685 (2,460)	61.2% (56.1%)	3,227 (2,647)	73.6% (60.4%)	2,455 (2,234)	56% (50.9%)	3,106 (2,885)	70.8% (65.8%)	4,385
	所有契約	16,909 (16,909)	56.9% (56.9%)	20,432 (18,406)	68.8% (62%)	20,294 (20,294)	68.3% (68.3%)	25,084 (25,084)	84.4% (84.4%)	29,706
富邦金期貨	2023 01	636 (456)	77.3% (55.4%)	735 (501)	89.3% (60.9%)	518 (384)	62.9% (46.7%)	652 (437)	79.2% (53.1%)	823
	所有契約	1,235 (622)	51.8% (26.1%)	1,707 (1,024)	71.7% (43%)	1,327 (1,327)	55.7% (55.7%)	1,802 (1,713)	75.7% (71.9%)	2,382
台鹽期貨	2023 01	215 (41)	77.3% (14.7%)	261 (68)	93.9% (24.5%)	270 (270)	97.1% (97.1%)	277 (274)	99.6% (98.6%)	278
	所有契約	217 (41)	48.3% (9.1%)	296 (72)	65.9% (16%)	391 (372)	87.1% (82.9%)	438 (413)	97.6% (92%)	449

查詢網址：https://www.taifex.com.tw/cht/3/largeTraderFutQry

55.
營收不佳，是股期放空的好標的

粉絲提問：老師，如果營收不好，股期是否可以放長空呢？

天龍回覆：基本上，股期都是好公司，不然不會獲准在股期的行列中。所以，除非突然出現重大事件，不然都不應放長空。只做一個月的放空就很久了。直到技術面轉好，再放棄做空的念頭。

舉例來說，根據我某一個月的實際體驗，「嘉聯益」（6153）這一檔股票似乎滿適合做空的，只要拉高就空，幾乎是百戰百勝。那麼，我們來看看它的營收情況吧！果然印證了股價漲跌會與營收好壞有關的結果。當然，股價趨勢不是永遠不變的，我僅是舉例教學，無意看衰它或教大家去空它。

・直接點出要訣，讓您快速得到答案

請看圖 55-1，這是「嘉聯益」（6153）近期已達到「營收連三退」敗績的圖表。最近一個月，它的營收「年減率」已經是 -35.95% 了。難怪股期只要有被拉高，立刻跌下來。它的股價在 2022 年 11 月被拉高到 30.3 之後就節節敗退，到 2022 年封關日（1 月 17 日），只剩 23.45。股期也不例外，請看圖 54-2，這是「嘉聯益」股期的週線圖，對於股期來說，實際跌幅已達到「長空」的標準了。

圖 55-1 「嘉聯益」近期，已達到營收連三退的敗績。

嘉聯益2022年12月營收入差，年減35.95%。
（連續3個月衰退）

（資料來源：XQ 全球贏家）

圖 55-2 這是「嘉聯益」股期的週線圖，實際的跌幅已深。

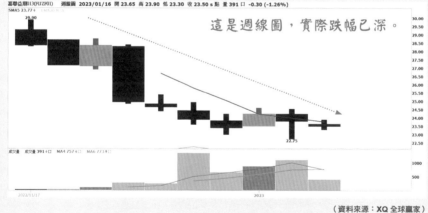

這是週線圖，實際跌幅已深。

（資料來源：XQ 全球贏家）

56.
股期交易最重要的是：
看懂方向！

粉絲提問：老師，新人如果不會波段操作，在短線上可不可以有賺就賣？

天龍回覆：您說的應該是打 Tick 的操作策略。在實務上，我確實看過有人做個股期是專門打 Tick 的，多年來一直沒變。這樣做，好像在玩遊戲，操作很簡單。因為股期的成本太低了。有些股期漲跌一檔（一個 Tick）就平倉，立刻可獲利下車。但賺得也太少了。不妨多學點技術分析，才會進步。

打 Tick 的操作策略，也不見得百戰百勝，因為如果您看錯「方向」，還是可能失敗。萬一您不想認賠停損，股價一直反方向進行，再往下加碼更糟糕，最後一定很慘。所以，摸對趨勢是最重要的。

‧連續兩天，短線操作手法不同

想徹底看懂趨勢，可以精讀筆者的《學會 K 線精準判讀》一書，在《100 張圖幫股市小白財富自由》書中也有教到畫趨勢線的方法。請看圖 56-1，榮成期在 2022 年封關前，2023 年 1 月 16 日是適合做空的，因為它跌破上升趨勢線；可是，請看圖 56-2，在 1 月 17 日卻因與前一天形成貫穿線，所以當天是適合做多的。如果你能細讀前述兩書，操作就如魚得水，懂得順勢操作了。

圖 56-1 以「榮成期」為例，2023 年 1 月 16 日適合做空。

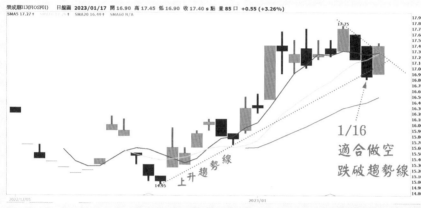

（資料來源：XQ 全球贏家）

圖 56-2 以「榮成期」為例，1 月 17 日適合做多。

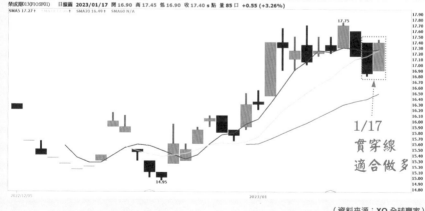

（資料來源：XQ 全球贏家）

57.
個股期碰到「除權息」時怎麼辦？

粉絲提問：老師，個股期碰到「除權息」時怎麼辦？

天龍回覆：如果參加股票除權息卻無法「填息」，還不如不參加。因為股東拿到現金、股價卻跌下來，等於拿到的是自己的錢，財富並沒有增加（等於左手換右手）。但是，參加股期就不同了，不必等到一、兩個月以後才能拿到現金；使用股票期貨參與除權息，不論是除權或是除息，都會在除權息交易日當天立刻調整，而且還免稅。相關資訊查詢網址：https://www.taifex.com.tw/cht/4/contractAdj

‧用個股期參與除權息，可以賺更多

股期如何進行「調整」呢？近年大多數個股在除權息時都是發現金股利的比較多。當除息時股票期貨同樣會有參考價的下調，而配發的現金股利，則會以增加權益數的形式回到「保證金專戶」裡。形成價格的下調使未平倉損益虧損，但權益數增加兩相抵銷，除息前後帳戶權益總值仍然不變。

懂得避險之道的有錢人，都懂得利用股票期貨避稅，如果個股有填息潛力，還可利用它的槓桿優勢，在合適的時機介入，擴大獲利的幅度。只要做好風險控管，就可以賺更多。

圖57-1 股期參加除權息時的契約調整實況。

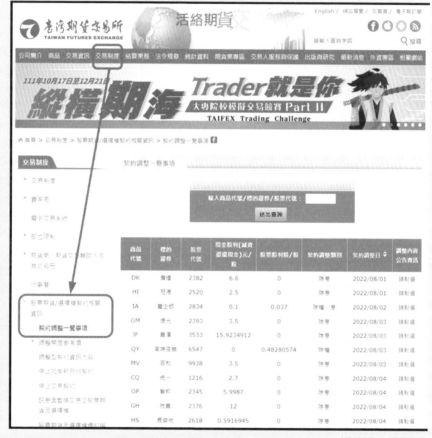

（資料來源：台灣期交所）

58.
用個股期貨參加除權息，算是股東嗎？

粉絲提問：老師，用個股期貨參加除權息，算是股東嗎？

天龍回覆：不算，他不具有股東身分。因為股期是衍生性金融商品、只是契約，並非真正持有股票。但他參加除權息不僅「股利所得」免稅，二代健保補充保費也全免，就連股利也是當天就能得到。

請看圖 58-1，除權息時股期是會增加每一口的股數的。在除息時，因為 1 口 = 2000 股，所以受配發的金額為標的股票 2000 股配發的現金股利。再看圖 36-2，股票期貨的契約型資訊內容，則可以查詢台灣期交所的官方網站網址：https://www.taifex.com.tw/cht/4/sSFAdjustedInfo

‧棄權息賣壓重，股期也會受到一定的影響

一般來說，當各上市櫃公司即將陸續公布股利配發和業績展望時，我們首先要考量所有的股票都不保證一定可以填權息，因此對於股票投資人來說，最好能先觀察股價是否已經先漲一波了？如果漲勢一直在延續，那就可以棄權息，特別是股價如果在相對高檔，就不建議參加除權除息！股期雖然是比較短期的交易型態，但也不能不考慮被棄權息股票的相對殺傷力。

圖 58-1 除權息時股期的契約調整。

	股東配發的利益	契約調整方式
除權	股票股利	調整約定標的物，每口的股數會增加。納入 2000 股標的股票受配發的股票股利。
除息	現金股利	調整買賣權益數，因 1 口＝ 2000 股，所以受配發的金額為標的股票 2000 股配發的現金股利。

（製表：方天龍）

圖 58-2 股票期貨的「調整型契約資訊內容」。

商品代碼	標的證券代號	標的簡稱	標的類別	商品類別	約定標的物 證券股數	約定標的物 配發之現金股利	約定標的物 優先參與現金增資之相當價值	存續到期月份
CE1	2881	富邦金	上市普通股	股票期貨	2100 股			202212、202303
CH1	2409	友達	上市普通股	股票期貨	1600 股			202211、202212、202303、202306
CM1	2887	台新金	上市普通股	股票期貨	2099 股			202212、202303
CS1	1605	華新	上市普通股	股票期貨	2000 股		293 元	202212
CU1	2323	中環	上市普通股	股票期貨	1880 股			202211
CZ1	2603	長榮	上市普通股	股票期貨	800 股			202212、202303、202306
DE1	2890	永豐金	上市普通股	股票期貨	2020 股			202212
DF1	1101	台泥	上市普通股	股票期貨	2199.8565 股			202212、202303

（資料來源：台灣期交所）

選股操作的必要技巧

PART **4**

股期當沖的
訣竅

59.
在做股期當沖時，
看盤頁面如何設定？

粉絲提問：老師，在做股期當沖時，看盤頁面如何設定？

天龍回覆：用手機在做股期當沖，一切都比較「將就」，上班族常常只能憑一個走勢圖去偷看或下單操作，危險性極高。但是，若不是有很豐富的實戰經驗，就要有很好的運氣，才容易找出最好的買賣點，並讓當沖獲利下車。所以，看盤做當沖，最好還是用電腦版來進行，既專業又有效。

股期的選股操作，可分兩個步驟：首先，從「近 2 月股票期貨」名單去選股。關於這部分，請回頭去找本書第 42 單元的圖 42-1、圖 42-2。其次，要做股期當沖，最好使用「分鐘線」去細看。

・螢幕多的人有優勢，可設計多種版面

請看圖 59-1，這是一種看盤設計。左邊是所選出來的「股期」5 分鐘的 K 線圖，右邊上下分別為「股期」和「標的個股」的當日走勢圖。由於部分股期的流通性不好，有些股期雖然開盤時間是 8：45，有些卻要等到 9 時多，才有成交價出現。圖 59-2，是以裕隆期為例所設計的版面。至於均線和技術指標的參數，也可以自行設定或增減。螢幕多的人，更有優勢可以自行設計多種看盤的版面。

圖 59-1 電腦版可設如此的看盤版面

| 股期5分鐘K線圖 | 股期的走勢圖 |
| | 標的股票走勢圖 |

（設計：方天龍）

圖 59-2 電腦版可設如此的看盤版面（以裕隆期為例）

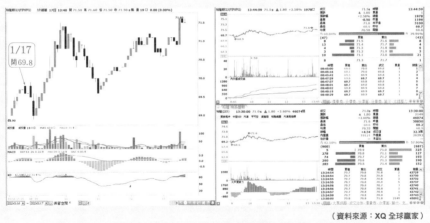

（資料來源：XQ 全球贏家）

60.

看盤是用 1 分 K 好呢？
還是用 5 分 K 好？

粉絲提問：老師，股期當沖，看盤是用 1 分 K 好呢？還是用 5 分 K 好？

天龍回覆：許多操盤手都以 1 分 K 看盤，可以取得快速出手的契機。不過，如果不習慣的人（版面零亂，不易看出端倪）仍以 5 分鐘線圖為佳，它不但可以在一頁中一覽無遺，並且容易從簡潔的型態窺其全豹，有利於做出有效的決策。有些高手更會用 30 或 60 分鐘線去看盤，為的是辨別方向。

請看圖 60-1，這是以「百和期」為例，用 1 分 K 看盤，通常在一頁中無法一覽無遺，如果再加上均線，那版面就顯得有點複雜了。再看圖 60-2，5 分 K 看起來就像比較有經過整理的房間，賞心悅目。

·5 分 K，容易從型態窺知多空訊息

這檔「百和期」，當天是一檔強勢股。開盤之後，上午 9 時才有第一筆交易，接下來就顯出多方的力量，直攻到 65.9（漲幅高達 9.65%），可是卻收在 63.8，換句話說，很多追高的人都挨了「開高走低」的悶棍了。如果你能用 5 分 K 看盤，可以發現（見圖 60-2）❶❷❸ 其實已構成「夜星」的做空 K 線組合了。❹❺❻❼ 的交易量則是一次比一次少。能夠如此觀察，就不會追高被套了。

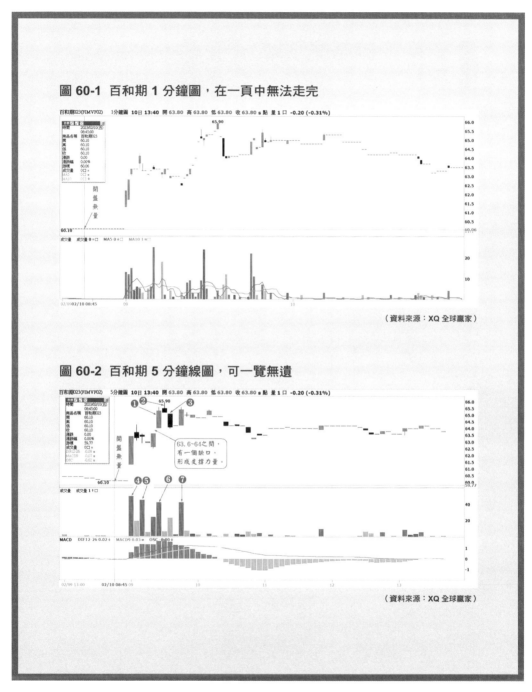

圖 60-1 百和期 1 分鐘圖，在一頁中無法走完

（資料來源：XQ 全球贏家）

圖 60-2 百和期 5 分鐘線圖，可一覽無遺

63.6~64之間，
有一個缺口，
形成支撐力量。

（資料來源：XQ 全球贏家）

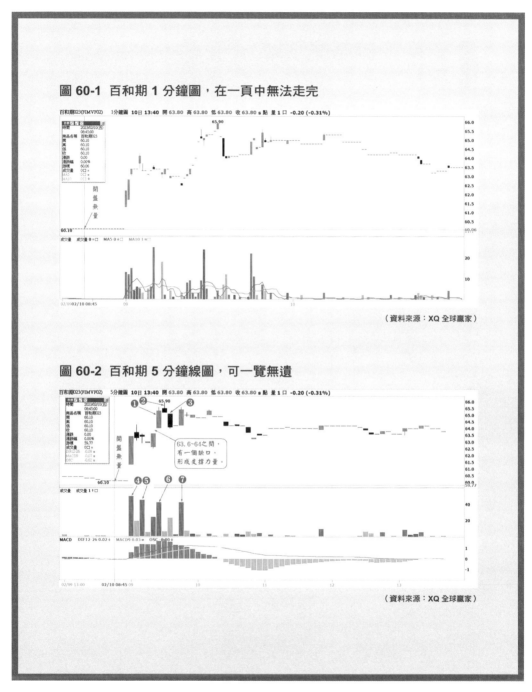

61.
最佳 5 檔怎麼下單，
股期才會安全？

粉絲提問：老師，股期當沖，最佳 5 檔怎麼觀察下單，股期才會安全？

天龍回覆：股票是股期的本尊，能懂股票的操作，股期一樣可以套用。現在我就用一個真人真事的案例來解說「最佳 5 檔」（委買賣單的掛價盤面）如何觀察，才會有利於操作。

股市詭譎多變，散戶常要和主力鬥智才行，有時主力想賣股票，會在委買單第二筆以下虛掛大量的買單（如圖 61-1 所示），於是散戶會以為進場很安全，不料一掛買單，就被主力出貨了。等到主力出貨將盡，就會把虛掛單抽掉，股價就沒支撐了。類似如此手法，也一樣可以類推在他想要吃貨時。

・隔日沖大戶出貨，常會虛掛買賣單

看圖 61-2，這是某一天「天龍特攻隊」群組某位成員，在開盤沒多久，就自行選到「新盛力」買進，並私訊告訴我他準備做當沖。我當時一看，發現主力如上述手法正在出貨狀態，立刻提醒對方，主力正在倒貨中（因為我前一天研究過籌碼，這檔股票的主力是隔日沖大戶）。當時群友看到我的截圖解說，立刻獲利了結，安全下車。我想，如果群友不懂又沒迅速處理，到尾盤一定必須認賠了。

圖 61-1 五筆掛單,要看懂需要籌碼研究的功力

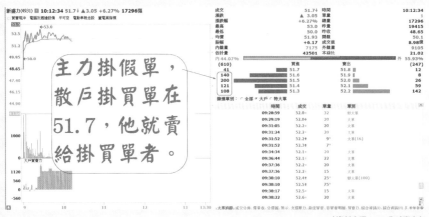

（資料來源：XQ 全球贏家）

圖 61-2 五筆掛單的訊息,看懂有利操盤

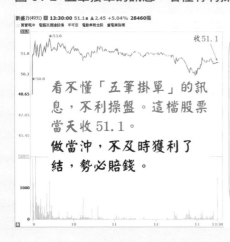

看不懂「五筆掛單」的訊息,不利操盤。這檔股票當天收 51.1。
做當沖,不及時獲利了結,勢必賠錢。

這位「天龍特攻隊」群組好友,當天私訊告知買了新盛力,準備做當沖,經筆者提醒之後,迅速獲利下車。從LINE傳來成績單的的時間為上午9時48分。

（資料來源：XQ 全球贏家）

62.

做當沖時，
量比價重要，還是價比量重要？

粉絲提問：老師，做股期當沖時，量比價重要，還是價比量重要？

天龍回覆：正如「先有雞」還是「先有蛋」的問題，股市「先有量才有價」還是「先有價才有量」，曾經是沒有結論的話題。依我看，量、價都重要。不過，在做股期時，交易高手幾乎已有「集體共識」：沒量的股期，都乾脆不做。請看圖 62-1，很多股票都是上午 9 時以後，才開始有交易，常令人時空錯亂，以為股期和股票是一樣的開收盤時間。有些股期更離譜，交易行情遲到早退，要平倉都難。

· 價漲量增，才代表多頭訊號出現

再看圖 62-2，這是以「華新期」為例的分時走勢圖，當天成交量為 8326 口，比前一天的量 3621 口更多。這也是做股期者主要的選擇條件。在股期當沖基本操作理念上，大約有如下幾點：❶ 要隨時檢視是否「價漲量增」，因這代表多頭的訊號出現。❷ 在多頭行情之中，成交量增加，可以視為「換手量」，有利於多頭市場。❸ 從型態或趨勢線來看，「價」要有效的向上突破，必須有「量增」的配合。❹ 在空頭走勢中出現價漲量增的 K 線時，極有可能是止跌訊號，像圖 62-2，盤中大量就是止跌現象。

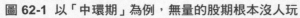

圖 62-1 以「中環期」為例，無量的股期根本沒人玩

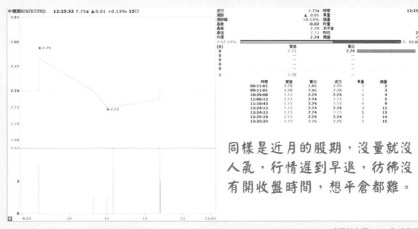

同樣是近月的股期，沒量就沒人氣，行情遲到早退，彷彿沒有開收盤時間，想平倉都難。

（資料來源：XQ 全球贏家）

圖 62-2 以「華新期」為例，有量的股期才好做

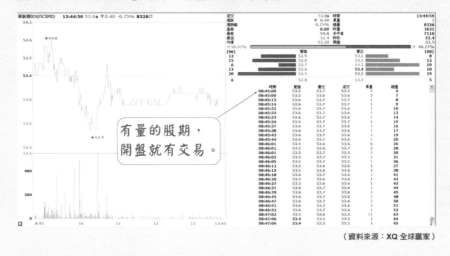

有量的股期，開盤就有交易。

（資料來源：XQ 全球贏家）

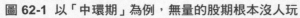

63.

當沖做多做空時，
均線的參數如何設定？

粉絲提問：老師，做股期當沖時，均線的參數要怎麼設定？

天龍回覆：基本上，許多高手的均線參數設定，都有自己的一套，甚至不太願意教你，正如某些牛肉麵的名店一樣，也有其獨家的佐料配方，不肯公開透露。如果您知道很多參數，會莫衷一是，不妨把他們的均線參數一一做實驗，如果合理、合意的，就拿來使用。如果效果不佳的，就放棄它。

· 5 和 15，是最常用的 5 分鐘均線參數

首先，必須說的是，做股期當沖，手法要細緻一點，所以最好能從分鐘線來設定參數，並且使用分鐘線來看盤下單。有經驗的高手，當然也可以直接看「分時走勢圖」，但總是不如分鐘線清晰快捷。

請看圖 63-1，「華新」的 5 分鐘線，不妨用 5 和 15 兩條線來觀察。當然 5 和 20，以及 5 和 60 也可以。這裡用的是 5 和 15，我們可以發現，當天 10 時 30 分在 MACD、KD 技術指標也顯示剛好是最佳的進場點，12 時 55 分是賣出點（因為形成「烏雲罩頂」的型態了）。再看圖 63-2，同一時日，「華新期」的參數也可以設置一樣。買進點早 5 分鐘，賣出點則是和標的股票同時。

圖 63-1 以「華新」為例，說明參數的設定

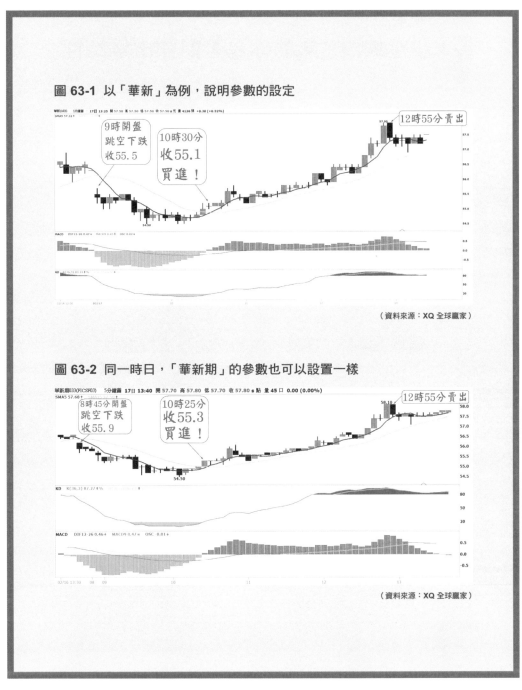

（資料來源：XQ 全球贏家）

圖 63-2 同一時日，「華新期」的參數也可以設置一樣

（資料來源：XQ 全球贏家）

64.

「跳空缺口」考驗你是否熟知市場特性

粉絲提問：老師，您常常強調「跳空缺口」很重要，在做股期當沖時是不是也有關係？

天龍回覆：在股期當沖的過程中，依技術指標進行觀察、看盤、下單，是相當可靠的行徑。其中，「缺口」是最重要的角色。出現在上下兩個價格之間，一片空白，中間完全沒有成交紀錄。如果是向上突破的缺口，中間價位根本買不到；如果是向下跌破的缺口，中間價位根本賣不掉。

·懂得「缺口」理論，就知何處是支撐壓力

請看圖 64-1，我們以「大江期」的 5 分鐘線為例，其中「突破前高的紅 K」非常關鍵。在這個大紅 K 之後，股價出現一個「跳空上漲」的小紅 K。這兩者之間出現了一個「跳空缺口」。這個缺口，在其後的攻勢中就形成一個強而有力的支撐點。一旦跌破，就不再形成「單邊行情」。

同一張圖，我在其上特別標出「指標背離」之處，說明股價在攻高之後，MACD 卻往下形成「指標背離」，這暗示其後會有繼續往下的可能（MACD 後來就變成在 0 軸以下）。所以兩條均線後來也兩度死亡交叉。不過，無論如何，「跳空缺口」在當天一直守護著多方，而這個缺口就是支撐所在。

圖 64-1 以「大江期」為例,說明如何做股期當沖

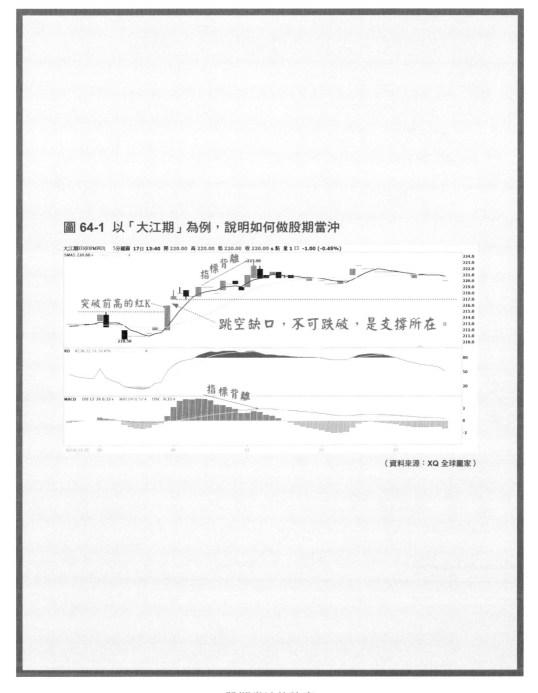

（資料來源：XQ 全球贏家）

65.
開盤價，主掌多空戰場的發球權

粉絲提問：老師，常聽說的「開盤八法」對股期當沖有用嗎？怎麼看呢？

天龍回覆：您如果懂得「開盤價」在股期當沖操作的重要性，就不是新人了。這是成敗的關鍵。一般高手都知道，開盤價之上，做多；開盤價之下，做空。至於所謂「開盤八法」，則是指開盤後的 15 分鐘走勢，可作為判斷當天走勢的重要參考。因為開盤價通常是主力做出來的，因而從開盤後的三根 5 分 K，就可以約略看出主力今天的心態。不過，是否有效，可謂見仁見智。

·「先買後賣」或「先賣後買」，要隨機應變

請看圖 65-1、圖 65-2，我們隨機以「群創期」、「長榮期」的 5 分鐘線圖為例，兩者的前三根 5 分 K，都是跌、漲、走平，可是後來的發展結果卻有很大的不同。「群創」走的完全是往上的「單邊行情」，從開盤 13.55 到收盤 14.15，一路只有小回檔，可以說是強勢做多的股期。而「長榮期」從開 147 到收盤 146.5，可說一路跌跌撞撞，毫無向上攻堅的力道。從圖上筆者標示的買賣點，也可以看出「群創期」是適合「先買後賣」，「長榮期」則適合「先賣後買」。兩者過程不相同。這一切都有必要自己細細研判。

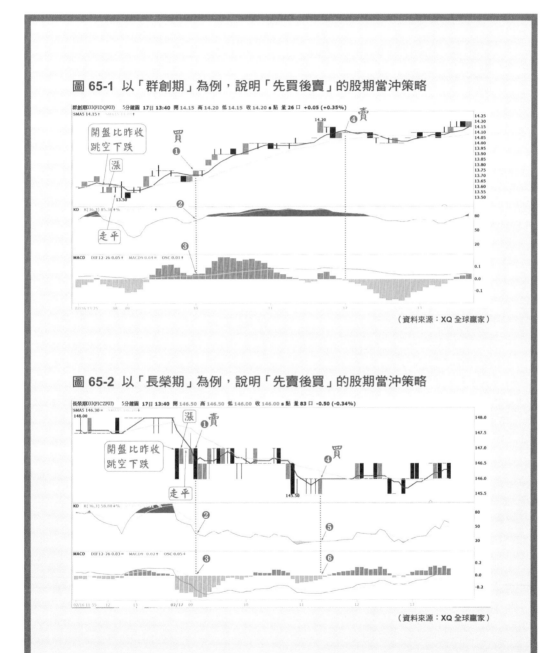

圖 65-1 以「群創期」為例,說明「先買後賣」的股期當沖策略

圖 65-2 以「長榮期」為例,說明「先賣後買」的股期當沖策略

(資料來源:XQ 全球贏家)

股期當沖的訣竅

66.
如何放空股期？
從何處著眼？

粉絲提問：老師，如何放空股期？從何處著手呢？

天龍回覆：放空股期，有比放空股票更大的優勢，例如股票融券、借券的條件嚴苛，但期貨交易每筆買單只要有相對的賣單就可以成交。股期還可以搭配各種策略組合作交易，非常靈活。另一方面，如果你覺得股票可能還會跌，就不必急於平倉。股票是股期的本尊，要放空股期，當然知道它的趨勢。如果確認它已走空，就可利用股期拉高時趕快做空。不要等到它也跟著連續下跌，才來放空。

・看股票趨勢走空，股期就可以出手

請看圖 66-1，我們以「高端疫苗」（6547）為例，從它的「股票日線圖」，即可看到 2023 年 2 月 13 日之前的 3 個交易日都是收黑，這個型態看起來，就是標準的「三隻烏鴉」的 K 線型態組合，加上當天的跳空下跌，就幾乎可以確認行情可能向下跌落。

可是，如果你放空股票，說不定沒有「券」可以放空。而高端疫苗的股期，就沒有這個顧慮了。一定要趁著股期拉高的時候（見圖 66-2）放空。如果覺得還可能續跌，當天也可以不必平倉。

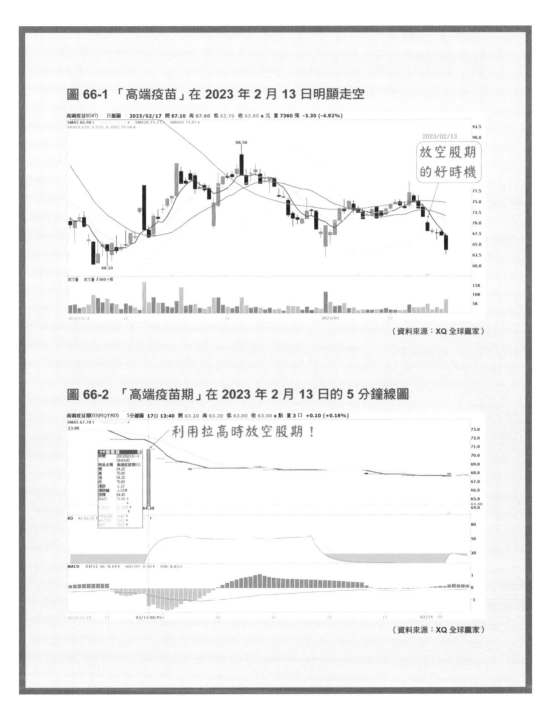

圖 66-1 「高端疫苗」在 2023 年 2 月 13 日明顯走空

（資料來源：XQ 全球贏家）

圖 66-2 「高端疫苗期」在 2023 年 2 月 13 日的 5 分鐘線圖

（資料來源：XQ 全球贏家）

67.

均價線有什麼作用呢？
可作買賣依據嗎？

粉絲提問：老師，均價線有什麼作用呢？可以作為股期買進、賣出的依據嗎？

天龍回覆：有的人做股期當沖，像盲人騎瞎馬似的，只在偶而有空的時候看一下盤，然後就去上班了。這樣的股友最好改作波段的交易，反正股期不像股票，可以「先上車後補票」，它不論輸贏，都必須先付出保證金，所以必須以更專業的態度來處理股期，才適合操作。

如果沒有時間看 5 分鐘線，當然只能看「分時走勢圖」。在「分時走勢圖」中，可以先設定一條重要的指標——「均價線」，它可以幫你了解股價在一天盤中的位階。

・突破跌破均價線，有助判斷多空

請看圖 67-1，這是以「元太」（8069）為例，從它的「分時走勢圖」，即可看出這裡包含了兩個箱型，盤中一度有意拉高，可惜仍在回落時跌破均價線。整體看起來，全天都只是盤整盤。在股價上去之後，就可放空，跌到「箱底」就可做多。均價線就在中間部位。再看圖 67-2，股期和本尊股票非常相似。兩圖❶都是高點。❷都是高點殺下來跌破的均價位置。均價線的設定，有助於判斷位階和多空。

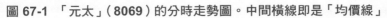

圖 67-1 「元太」（8069）的分時走勢圖。中間橫線即是「均價線」

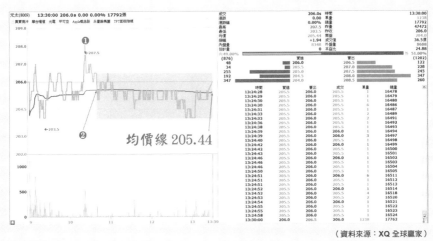

均價線 205.44

（資料來源：**XQ** 全球贏家）

圖 67-2 和上圖同一天的「元太期」分時走勢圖。一樣可設均價線

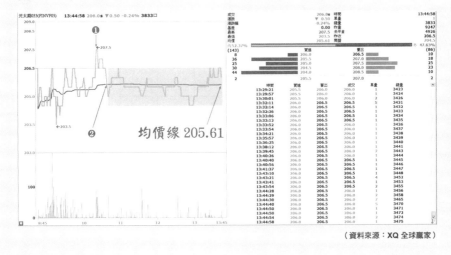

均價線 205.61

（資料來源：**XQ** 全球贏家）

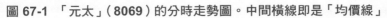

股期當沖的訣竅

68.
如何從集團股找到股期當沖契機？

粉絲提問：老師，股期買賣是不是可以從相關的集團股，找到股期的當沖契機？

天龍回覆：集團股是指同一集團的企業，「概念股」則比較偏向於主觀個人自行認定，會依照相同話題或是某個產品的供應鏈個股集合在一起，但有時概念股會被當作一種選股和炒作題材，成為市場追逐的熱點。但無論如何，集團股的內部公司總比概念股更容易有影響性。

例如，台積電集團除了台積電以外，還有世界、創意、精材、采鈺等四家公司，而它的概念股就多達數十家了。那麼誰比較有關鍵性呢？當然是集團內部的公司了，消息最快，營運也最相關。

·從子公司低檔入手，是最投機的交易

請看圖 68-1，這是「台積電」（2330）在 2023 年 1 月 30 日（開紅盤日）的 5 分鐘圖。它開盤就大漲 7.75%，同時出現突兀量，令人不敢追高。再看圖 68-2，作為集團內的一份子「世界期」上午 8 時 45 分開盤一直無量，這表示交易人都在觀望。直到 9 時 15 分才有第一筆單成交。但買進者卻很高明，因為觀察台積電當天一直沒跌破頸線。從「世界期」先買後賣做當沖，就是高勝算的當沖操作。

圖 68-1 台積電開盤就大漲 7.75%,投資人多不敢追高介入

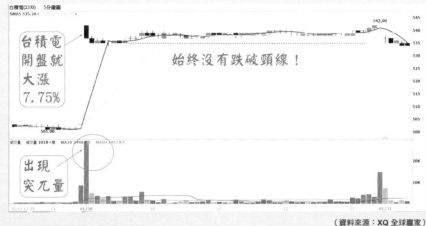

台積電開盤就大漲 7.75%

始終沒有跌破頸線!

出現突兀量

(資料來源:XQ 全球贏家)

圖 68-2 趁「世界期」低檔介入,高檔賣出,卻是高明的當沖操作

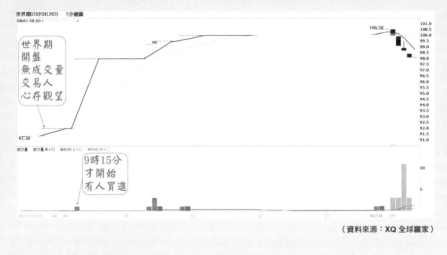

世界期開盤無成交量交易人心存觀望

9時15分才開始有人買進

(資料來源:XQ 全球贏家)

69.
即時新聞，
對股期當沖是否有參考價值？

粉絲提問：老師，請問「即時新聞」，在做股期當沖時是否有用？

天龍回覆：在做股期當沖時，「即時新聞」不失為一個選股的好門路。知名主力林適中說他的選股靈感，多半來自財經報紙的頭條新聞，因為那是政策的大方向、產業的新趨勢。不過，那是做長期投資的概念。在看即時新聞時，我們要關心的是有談及個股訊息的，才是個股期做當沖的來源。

即時新聞，通常是公司發布的，有時知情的內部人士或與大股東熟識的主力，早就預先做了安排。所以，新聞見報，已經好幾手了，當天對股價只有開盤後前 15 分鐘的刺激或影響（見圖 69-1），我們的交易策略，並非見利多做多、見利空做空，而是順著股價的方向——也就是要在技術面順勢操作。

· 勿隨消息面起舞，而是要順勢操作

2023 年 2 月 20 日，有「憂地緣政治！美國前副總統高爾　出清台積電持股」一條即時新聞，這是繼巴菲特大賣多達 86％台積電持股之後的又一利空。但我們未必要做空。請看圖 69-2，「台積電期」當天在前 15 分鐘就反映了利空下跌（❶❷❸❹❺❻），到 ❼ 已是反轉紅 K 了，反而要順勢做多。

100 張圖搞懂個股期

圖 69-1 以台積電為例，股價只有開盤後前 15 分鐘的刺激或影響

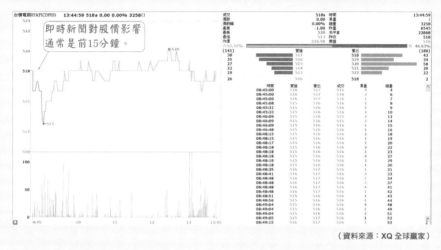

（資料來源：XQ 全球贏家）

圖 69-2 用「台積電期」5 分鐘圖來看即時新聞如何順勢操作

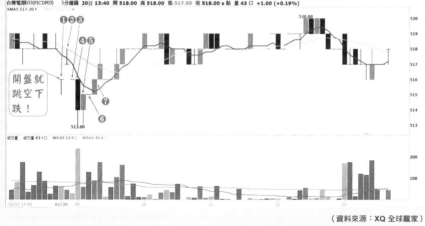

（資料來源：XQ 全球贏家）

股期當沖的訣竅

70.

階梯式上漲，看出多方當沖有利

粉絲提問：老師，為什麼有些強勢股漲上去後，會突然陷入盤整？一旦賣掉，它又繼續上漲？

天龍回覆：飆股常常連續大漲，但由於乖離率過大，難免會休息一下，就是一般人所謂的「洗盤」。有時不只收黑兩天，而是小黑、小紅地橫盤，經過幾天的「量縮價不跌」，慢慢地又會蓄積能量，繼續往上爬。我曾在其他的書上寫過案例，投信屢在漲停八天之後，再度拉長紅，可是你已經在其中盤整的七天裡「受不了折磨」而出脫了。這講的是日線的走勢，大家都歸諸於「抱不住」。

其實，玩飆股的人心都很急，幾天不漲就受不了了。如果是「日內波」操作也是如此，也有一層一層往上攻的概念。這就是所謂的「階梯式上漲」。股價的「趨勢」最大，強勢股的趨勢就是步步高。

‧雙利多助威，亞泥股價步步高

請看圖 70-1、圖 70-2，這是「亞泥」（1102）、「亞泥期」的比較。股價的階梯式上漲，是最強的做多趨勢之一。從前「亞泥」的走勢，往往振幅不太大，但由於當時大陸水泥原料上漲，加上煤炭價格有兩成多的下修，雙利多助威之下，台灣西進水泥廠營運呈現季季高，於是「亞泥期」就強勢上漲了。

圖 70-1 這是「亞泥」的股價走勢，呈現「階梯式上漲」，自然要做多

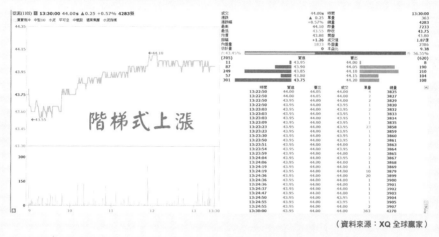

（資料來源：**XQ** 全球贏家）

圖 70-2 這是「亞泥期」的股價走勢，明顯跟著標的股票「階梯式上漲」

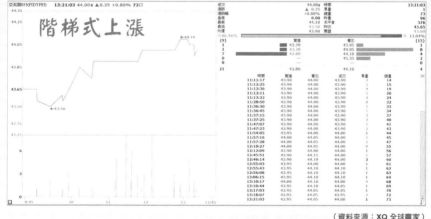

（資料來源：**XQ** 全球贏家）

71.
標的股票爆量，股期就有戲！

粉絲提問：老師，為什麼不直接看股期的量，卻是看標的股票的量？

天龍回覆：我不曉得別的老師是如何在教股期的，但我從實戰經驗角度出發，很早就教粉絲一套理論：「會做股票的人，做股期一定做得好，因為原理是一樣的，只是遊戲規則不同。」「做股期，要尊重標的股票，在技術分析時，也要看本尊的。」「忠於原味，才是王道。」

如果我們長期觀察股期，可以發現有些股期的量能很小；如果當月的頭幾天交易，也可能發現技術線型看不出所以然來。而股票走勢及預估量卻很完備，盯住這樣的市場數據，效率自然較高。

· 威盛股票爆量，股期跟進不會錯

請看圖 71-1，這是以「威盛」（2388）為例，從 2023 年 2 月 24 日的線型，發現它一開盤就跳空而起，不久，我們從「預估量」就可以算出它的量能可能達到前一天的兩倍以上，於是悟出「股票爆量、股期就有戲」的道理，當即應迅速介入它的股期。請看圖 71-2，我們看「威盛期 033」，它在同一天，凡跌破均價線就會拉起，盤中也一樣頻頻爆量，最終在收盤時也有 7.29% 的漲幅。選股就這麼簡單！

圖 71-1 「威盛」在 2023 年 2 月 24 日跳空爆量，漲幅 8.35%

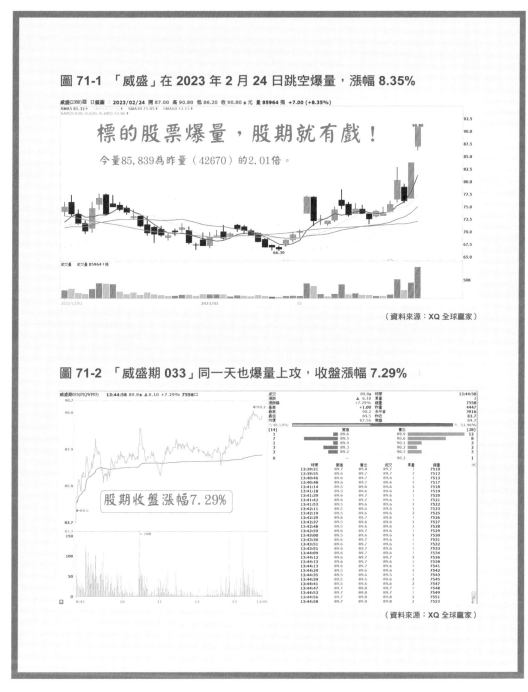

（資料來源：XQ 全球贏家）

圖 71-2 「威盛期 033」同一天也爆量上攻，收盤漲幅 7.29%

（資料來源：XQ 全球贏家）

72.
從主流類股中，尋找有股期的標的

粉絲提問：老師，什麼叫「由上而下」、「由下而上」的選股法？跟股期有關嗎？

天龍回覆：「由上而下」（Top-Down），是從經濟產業趨勢選擇國家和市場，再從中選出潛力股。「由下而上」（Bottom-Up），則是先從一家公司的基本面，衡量產業競爭是否優勢、有沒有成長潛力，才決定要不要投資這檔股票。但我們的股期操作，不需要這麼麻煩去研究這麼多。「大道至簡」，只要抓住當天主流類股即可。找主流類股可從類股「成交比重」著手。同時以漲幅排序，就很快找到了。

・主力拉同一類股，旨在共襄盛舉

以 2023 年 2 月 24 日為例，航運輪漲氣勢已成，前一天最強的是「裕民」（2606），而這一天輪到「新興」轉強。那麼我們就不妨操作「新興期 033」。請看圖 72-1，這是「航運類股」日線圖，顯然已創新高。查看當天的「建新國際」（8367）、「四維航」（5608）雖然強勢，卻都沒有股期。「裕民」（2606）無法一直獨強，必須其他航運股共襄盛舉。請看圖 72-2，我當天就猜主力或許會策略性改拉「新興」攻上漲停，以帶動航運股。經過事後的籌碼研究，果然發現是和裕民同樣幾位分點主力的「傑作」。

圖 72-1 「航運類股」的日線圖，明顯已創新高

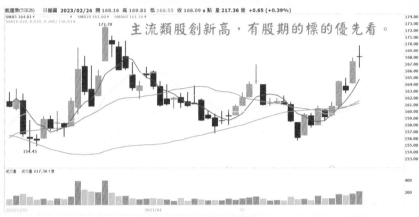

主流類股創新高，有股期的標的優先看。

圖 72-2 「新興期 033」盤中被主力迅速拉上漲停

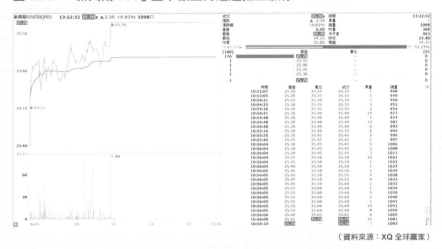

（資料來源：XQ 全球贏家）

73.
風險管理：防止損失擴大的方法

粉絲提問：老師，做股期有沒有什麼具體的方法，可以防止損失擴大？

天龍回覆：股票的停損很重要，股期因為有較大的槓桿，更要重視停損機制，以避免損失擴大。馬雲演講有句話很有趣：「今天很殘酷，明天更殘酷，後天很美好，但是絕大部分的人都死在明天晚上，所以你必須每天努力才能看到後天的太陽！」這非常合乎風險控管的道理，今、明天必須先賣掉套牢的股票止血，把剩下的資產放在能獲利的地方。這樣才能見到後天的太陽。

帶著一點小傷離開某一檔股期的人，來日才能活著賺大錢。防止損失擴大的方法，我認為要先判斷線型，此時此刻有沒有可能再挑戰跌落的重要關鍵價位成功。如果不能，就要先退下再說。

‧減碼或出清，依技術面來決定

基本上，停損的方法很多，尤其大漲已久的股票，突破區間盤之後，一路抱到跌破 10MA，先出一半；跌破 20MA，全部出清。請看圖 73-1，「大江期」的重挫，已跌破 10 日線，宜先減碼。圖 73-2，「致茂期」的大跌，已破月、季線，宜先出清。股市瞬息萬變，這樣停損未必全對，卻是八九不離十。

圖 73-1 「大江期」的重挫，已跌破 10 日線，宜先減碼

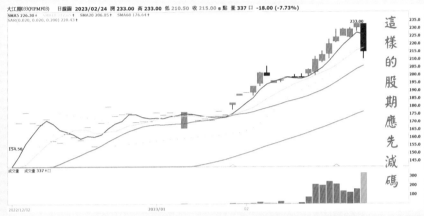

（資料來源：XQ 全球贏家）

這樣的股期應先減碼

圖 73-2 「致茂期」的大跌，已破月、季線，宜先出清

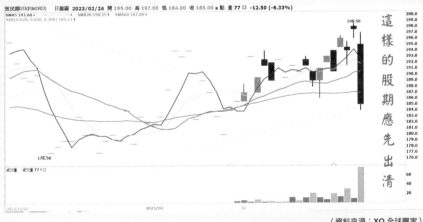

（資料來源：XQ 全球贏家）

這樣的股期應先出清

74.

風險管理：
用資金比重來決定停損的策略

粉絲提問：老師，減碼或出清股期，如果不會看，是否還有其他的停利、停損方法？

天龍回覆：「停利」不論是用賺兩成或三成來作出場的標準，其實一點都不重要，賺少賺多的問題而已。有些專門打 Tick 的人，也並不在意賺多賺少的問題，積少成多，也可以「小兵立大功」。最重要的是「停損」，因為有時做錯一次股期，連續幾天的重跌，造成大幅的價差，不但會讓你下不了「停損」的手，甚至會喪失了往後操作的信心。所以，一定要嚴守紀律。

千萬記得自己只是一個交易人，不是股東，一定要嚴守在設定的獲利點出場。一般來說，跌幅超過成本的 10% 就該停損賣出（這是用固定幅度的停損機制）。當沖，則應在跌幅 3% 以內停損。

・數度過關不成，就應急流勇退

請看圖 74-1，這是以「欣興期」為例，長期的操作經驗告訴我們，數度闖越季線不過，就是壓力太大，往往「不進則退」。再看圖 74-2，以「欣興期」為例，不及時停損，連續幾天的下挫，如果你輕易姑息，最後往往是致命一擊，會讓你付出慘重的代價，只換來一次後悔的經驗。

圖 74-1 以「欣興期」為例，壓力不過，往往「不進則退」

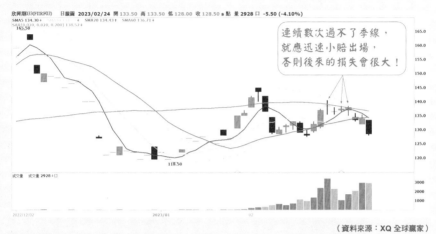

（資料來源：XQ 全球贏家）

圖 74-2 以「欣興期」為例，不及時停損，往往最後是致命一擊

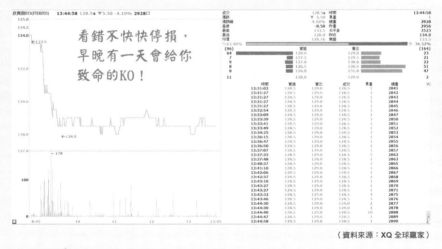

（資料來源：XQ 全球贏家）

PART **5**

技術指標和買賣點的
抉擇

75.

做個股期時，
如何用技術指標找買賣點？

粉絲提問：老師，做個股期時，如何用技術指標找買賣點？

天龍回覆：股票操作，一定要順勢而為。什麼叫做「順勢而為」呢？講一個笑話：

有一群大學生（他們同屬一個寫詩的社團）一起去爬山。到了山頂，一女生面對秀麗山河忍不住高喊：「祖國啊！我的母親！」一位暗戀她的男生趕緊跟著大喊：「祖國啊！我的丈母娘！」。

這就是「順勢操作」！沒有前面女生的一句話，那位男生的「跟進」，就顯得莫名其妙。股市的技術指標也是如此，沒有市場「過去的價格走勢」，就無法「順勢」來推測未來的趨勢。

·用心研究，不要只用單一指標觀察

技術指標有 100 多種，但要使用大家都慣用的，才會產生「集體共識」，判讀較易準確。本書接下來的篇幅，我會用廣為人知的幾種技術指標講解。多種指標一起印證比較有效，否則就如同前述的笑話男主角，自說自話沒有用，未必能得到對方的認同。所以我不建議只看裸 K 或單一技術指標來操作。圖 75-1，只是舉隅，詳解仍請細讀拙著《100 張圖學會 K 線精準判讀》一書（財經傳訊出版）。

圖 75-1　做個股期，要多研究多根 K 線組合的意義

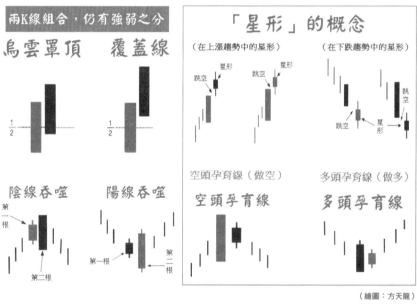

（繪圖：方天龍）

76.

充分利用 2 分之 1 理論，手到擒來！

粉絲提問：老師，您說的「2 分之 1 理論」，可否用股期實例解說？

天龍回覆：沒問題。「2 分之 1」操盤法則，也叫做「2 分之 1」操盤理論。在各種 K 線組合中，有一個很重要的關鍵位置，也就是 K 線的 2 分之 1 價位是否被突破？因為 K 線的 2 分之 1 價位區，大約就是平均成本價位，因而往往構成了支撐與壓力。充分利用 2 分之 1 理論，可以明得失、知強弱！

· K 線的 2 分之 1 關鍵點位，預判強弱

請看圖 76-1，這是「宏達電」的股期，從形態上來看，它是歷經一段跌勢之後止穩再上攻。❶是在一個箱型（黃色框）之後突圍而出，這是一個絕佳的買點。我們把❶高點加上❷低點除以二，即得這一天的「2 分之 1」中點是 56.45。只要此後不再破這個價位，就會高來高去，往上發展了。果然❸❹回落都沒有跌破 56.45，於是❺也可成為加碼點。

再看圖 76-2，❶的中點 54.35 被❷穿過，形成很強的「貫穿線」。這張圖中增加了 5 日均線，可知❸❹❺都是假突破，最佳買點❻則是真突破。因它是突破 5 日均線的中長紅，可以稱為「反轉紅 K」。

圖 76-1 以「宏達電」為例，說明最佳買點和適合的加碼點

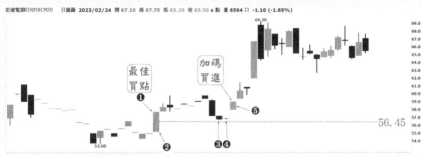

（資料來源：XQ 全球贏家）

圖 76-2 增加 5 日均線，來說明「真突破」的強勢反轉紅 K

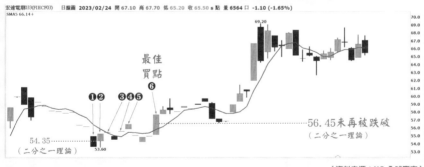

（資料來源：XQ 全球贏家）

77.
從 MACD 指標背離，可以預知價格發展

粉絲提問：老師，常說的「指標背離」，對股期的研判有用嗎？

天龍回覆：指標背離，就是技術指標和價格走不同方向（背叛、出軌）的意思。所有的「震盪指標」都有可能在某一個階段，和價格產生背離，包括成交量、RSI、KD、MACD、DMI等等都有可能和價格的方向背離。但是，背離通常只是一個警訊，不會背離太久。有經驗的人將會發現：不久，價格的方向改變了——朝著與指標相同的方向前進。這個指標是很準的，做股期不能不重視。

· 用心研究，不要只用單一指標觀察

指標背離，不僅發生在股票，也往往發生於股期。因為股期和標的股票經常是同步的。請看圖 77-1，這是以「元太」為例，指標背離的結果，價格崩跌。做法是：取一段近期的一個區間，頭尾各作一個連線。價格往上、MACD 往下，這暗示著「指標背離」。不久就可發現價格果然也跟著下跌了。

再看圖 77-2，仍以同一天的「元太期」來看，開盤之後就下跌了，盤中一度曾經拉高，但迅即往下走了。這和股票的走勢幾乎是一致的。

圖 77-1 以「元太」為例，指標背離的結果，價格崩跌

（資料來源：XQ 全球贏家）

圖 77-2 以「元太期」為例，指標背離造成價格崩跌

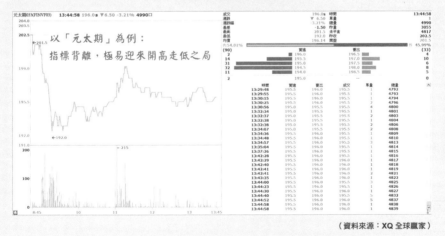

（資料來源：XQ 全球贏家）

78.
RSI 過熱，次日容易收黑？

粉絲提問：老師，您說過 RSI 過熱，次日容易收黑，可否用股期實例解說？

天龍回覆：厲害的人做什麼都厲害。王爾德（J.Wells Wider Jr.）不僅創立「亞當理論」，著名的「相對強弱指標」RSI（Relative Strength Index 的縮寫），也是他的創見。

王爾德長期觀察商品價格的變動之後發現任何商品價格的變動，都有一定的法則：短期內商品價格漲太凶或跌過深，最後仍會回到正常價格的軌道上。後來，有人覺得王爾德用 RSI 預測商品價格的變動很棒，就把這種理論套用在預測股價的變動上，結果發現也有一定的準確度。

·超過 80 就一定過熱？可以自行研究看看

相對強弱指標的計算公式：RSI ＝〔上升平均數 ÷（上升平均數＋下跌平均數）〕×100

我們要計算九日 RSI，首先就要找出前九日內的上升平均數及下跌平均數。聽起來有點複雜，是吧？請看圖 78-1，這是以「宣德」為例，說明 RSI 指標過熱的情況。再看圖 78-2，以「宣德期」為例，說明 RSI 指標過熱，也有異曲同工之妙。難道超過 80 就一定過熱？您不妨也可以自行研究看看。

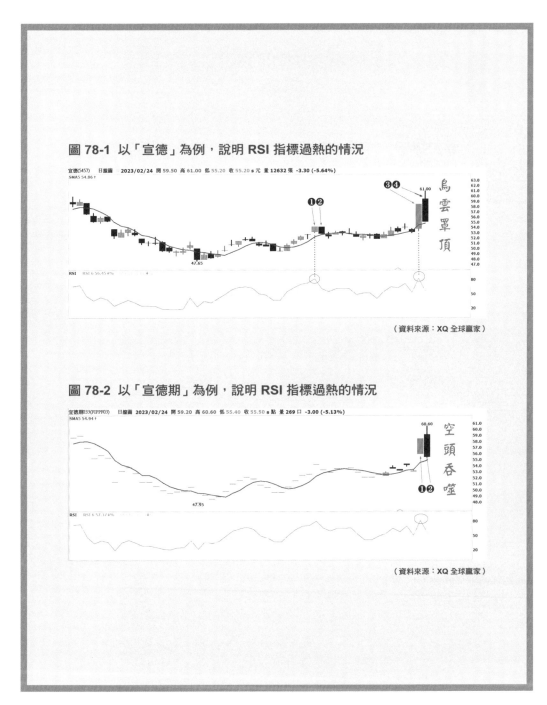

圖 78-1 以「宣德」為例，說明 RSI 指標過熱的情況

宣德(5457) 日線圖 2023/02/24 開 59.50 高 61.00 低 55.20 收 55.20 s 元 量 12632 張 -3.30 (-5.64%)
SMA5 54.86 ↑

（資料來源：XQ 全球贏家）

圖 78-2 以「宣德期」為例，說明 RSI 指標過熱的情況

宣德期33(FIPPF03) 日線圖 2023/02/24 開 59.20 高 60.60 低 55.40 收 55.50 s 點 量 269 口 -3.00 (-5.13%)
SMA5 54.94 ↑

（資料來源：XQ 全球贏家）

技術指標和買賣點的抉擇

79.
KD 的技術指標如何運用在股期？

粉絲提問：老師，請問 KD 的技術指標如何運用在股期？

天龍回覆：KD 是大家最熟知的技術指標，一般翻譯為「隨機指標」，是期貨和股票市場常用的技術分析工具。它在圖表上是由%K 和%D 兩條線所形成，所以也叫「KD 線」。KD 若配合「黃金交叉」、「死亡交叉」，很容易找到股期的買賣點。不論 K 值或 D 值，都介於 0～100 之間。K 值反應靈敏，又稱快線；D 值較不靈敏，又稱慢線。當 K 值＞D 值時，適合做多；反之，適合空手或做空。

·黃金交叉和死亡交叉，是漲跌徵兆

請看圖 79-1，畫有虛線的位置，K 值由下向上突破 D 值，就是買進時機。因為這就是「KD 黃金交叉」，可以逢低做多，勝算極大。尤其❸已經突破❶和❷之間的跳空缺口，往上態勢更為明顯。當 K 值由上往下跌破 D 值時，就是「KD 死亡交叉」，有必要逢高賣出。

再看圖 79-2，這是以「晶豪科期」為例，我們從❶的位置，可以發現 K 值也已經由下向上突破 D 值了，❷就可望上揚。其後的行情，往往很容易獲利。可見得這個指標工具非常值得重視。

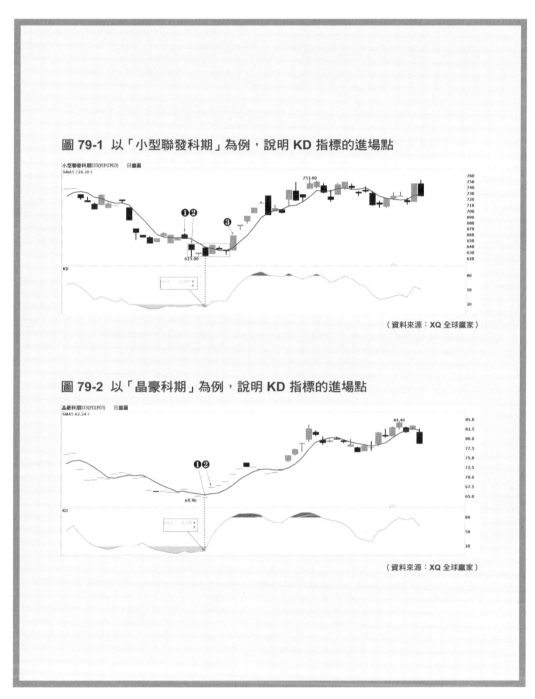

圖 79-1 以「小型聯發科期」為例，說明 KD 指標的進場點

（資料來源：XQ 全球贏家）

圖 79-2 以「晶豪科期」為例，說明 KD 指標的進場點

（資料來源：XQ 全球贏家）

80.

快速 KD 和 KD
在應用上有什麼不同？

粉絲提問：老師，請問 KD 和快速 KD 在應用上有什麼不同？

天龍回覆：延續前一個單元有關 KD 的交易理論有：❶ 黃金交叉：K 值由下而上突破 D 值，表示價格可能會漲，適合做多。❷ 死亡交叉：K 值由上往下穿越 D 值，表示價格可能會跌，適合做空。❸ KD 高檔鈍化：K 值連 3 天站在 80 之上。❹ KD 低檔鈍化：K 值連 3 天落在 20 之下。❺ 指標高檔背離：KD 高檔鈍化後，股價創新高，指標卻往下。❻ 指標低檔背離：KD 低檔鈍化後，股價創新低，指標卻往上。「金叉」、「死叉」、「鈍化」、「背離」都是在漲跌判讀上，有重要的意義，甚至是決勝關鍵！

·快速 KD 反應快，KD 卻較精準沉穩

除此之外，還有一種指標是「快速 KD」，和一般新手所知的「KD」不同。請看圖 80-1、80-2，兩圖分別以「創意期」、「榮剛期」為例，說明快速 KD 常比 KD 早一天看出股價的方向。這正是兩者之間的不同。同時，這兩個指標在日線、週線，甚至於盤中線型的走勢上，都相當的適用。不過，快速 KD 指標雖然有其優勢，但在長期的經驗中，KD 的買賣訊號比較精準。兩者可說各有利弊。

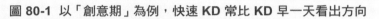

圖 80-1 以「創意期」為例，快速 KD 常比 KD 早一天看出方向

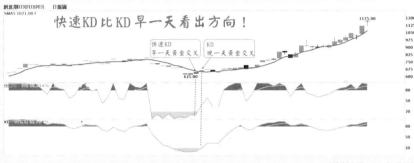

（資料來源：XQ 全球贏家）

圖 80-2 以「榮剛期」為例，快速 KD 常比 KD 早一天看出方向

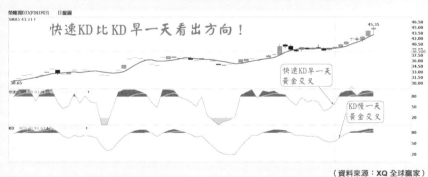

（資料來源：XQ 全球贏家）

81.
如何運用威廉指標於股期？

粉絲提問：老師，威廉指標可不可以運用在股期上呢？怎麼操作？

天龍回覆：「威廉指標」和 RSI、KD、MACD 一樣，都屬於「擺盪指標」的一種。所謂「擺盪指標」是以「動能」為基礎的「逆勢指標」，也叫「動能指標」。它可以研判短期價格趨勢的反轉，非常適合做股期時的判讀。它的計算公式如下：「威廉指標」＝（周期內最高價－當日收盤價）/（周期內最高價－周期內最低價）×100%。不過，不必浪費時間在計算上，很多看盤軟體，都很容易查到相關數值。

‧數值 0 買進，距成功不遠了

直接告訴您答案吧！當 W%R 的值低於 20 以下，是屬於「超賣」；當 W%R 的值高於 80，是屬於「超買」的警訊。根據高手的經驗值，威廉指標為 0 時，才是飆股的買點！這是他們不願告訴你的操盤秘訣。請看圖 81-1，創意期❶❷❸的「威廉指標」數值看似很接近 0，其實都不是。❹❺才是買點。

再看圖 81-2，台半期的❶❷的數值，也都不是 0，只有❸才是。那麼請您看看其後的發展。買到 0 數值的股期，後市都看好，就不必解說如何賣出了吧！隨便賣，都是獲利穩穩的！

圖 81-1 以「創意期」為例，標示理想的進場點

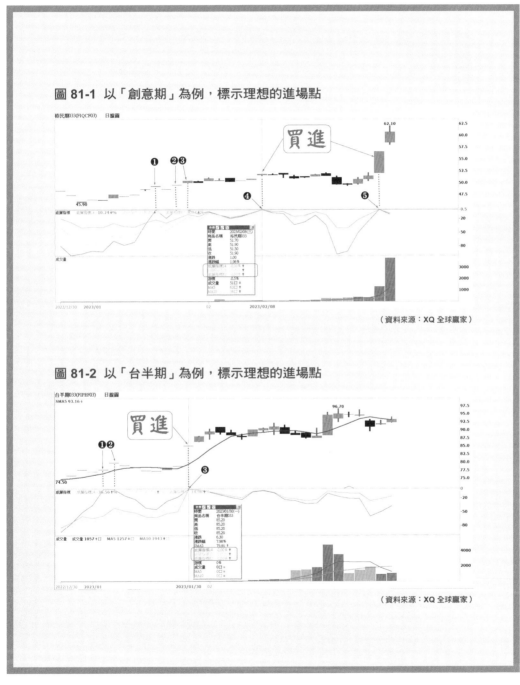

（資料來源：XQ 全球贏家）

圖 81-2 以「台半期」為例，標示理想的進場點

（資料來源：XQ 全球贏家）

技術指標和買賣點的抉擇

82.
CDP 指標如何觀察和判讀？

粉絲提問：老師，CDP 指標可不可以運用在股期上呢？怎麼操作？

天龍回覆：CDP 操作法是源於美國流行的期貨交易超短線操作法，也叫「逆勢操作系統」或「逆勢操作法」。CDP 指標有它一定的交易邏輯，首先要根據昨日的行情，算出五個數字（最高值、近高值、近低值、最低值以及 CDP 值、也就是平均值）：

AH（最高值）＝ CDP ＋（最高價－最低價）

AL（最低值）＝ CDP ＝－（最高價－最低價）

NH（近高值）＝ 2×CDP －最低價

NL（近低值）＝ 2×CDP －最高價

・低買高賣，發現不對立刻反向操作

請看圖 82-1，「華新」（1605）這天的 4 個數值，我們在盤前就可以把它算出來：如果股價來到 57.45（CDP 賣出點），可以賣出；賣掉之後，若仍強勢上攻，就在 58.53（CDP 追買點）買回。萬一衝到漲停，就沒遺憾。同理，股價若跌到 55.75（CDP 買進點），則逢低買進；萬一繼續下跌，在 55.13（CDP 追賣點）就趕快賣掉，以免落入跌停。結果，「華新」這天的開盤 52.5，已落入「追賣點」區，即使拉高到 53.4，也難逃跌停的命運。所以，「華新期」（見圖 82-2）也就必須迅速賣出，才是靈活操作之道。

100 張圖搞懂個股期

圖 82-1 以「華新」為例，盤前先算出 4 個價位再行觀察

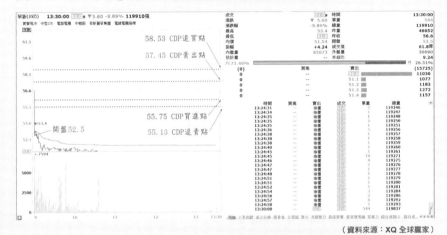

（資料來源：XQ 全球贏家）

圖 82-2 操作「華新期」，就以「華新」的走勢馬首是瞻

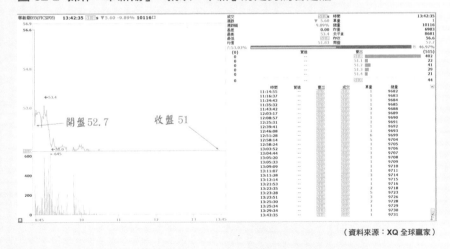

（資料來源：XQ 全球贏家）

技術指標和買賣點的抉擇

83.
SAR 指標如何觀察和判讀？

粉絲提問：老師，SAR 指標可不可以運用在股期上呢？怎麼操作？

天龍回覆：SAR（停損點轉向操作系統），也稱為「拋物線指標」，因為它是利用拋物線的方式，隨時調整停損點位置，用來觀察買賣點所在。由於停損點是以弧形的方式移動，所以是一種拋物線轉向指標。這項技術分析比較專業，公式也比較複雜，但操作簡單，凡是 SAR 指標「點」在 K 棒下方的，表示是多頭；「點」在 K 棒上方的，表示是空頭。就是這麼簡單。

·三項指標共同參酌，可免偏頗

請看圖 83-1、圖 83-2，這是分別以「華邦電期」、「高端疫苗期」為例，說明 SAR 買進和放空的點位。由於 SAR 也有不靈驗的時候，我們不妨加上兩個指標搭配參考研判，可以增加準確度，那就是 MACD 與 DMI 指標，這三合一的研判方式為：當 SAR 指標「點」在 K 棒下方的（由上方轉為下方）、MACD 綠柱轉為紅柱、DMI 指標的＋DI＞—DI 時，表示多方概念，可以買進；相反的，當 SAR 指標「點」在 K 棒上方的（由下方轉為上方）、MACD 紅柱轉為綠柱、DMI 指標的＋DI<-DI 時，表示可以放空。

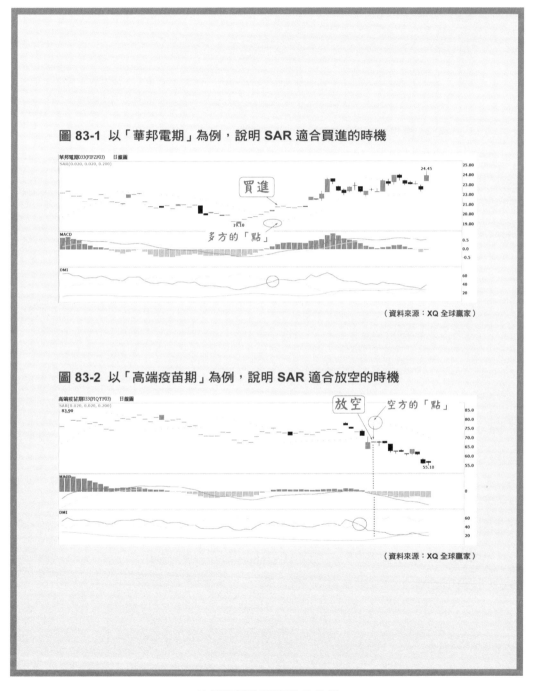

圖 83-1 以「華邦電期」為例，說明 SAR 適合買進的時機

（資料來源：XQ 全球贏家）

圖 83-2 以「高端疫苗期」為例，說明 SAR 適合放空的時機

（資料來源：XQ 全球贏家）

技術指標和買賣點的抉擇

84.
寶塔線指標如何觀察和判讀？

粉絲提問：老師，寶塔線似乎常與 RSI、KD、MACD 並列，是否對股期也有判讀作用？

天龍回覆：股期和股票操作方法類似。寶塔線與 RSI、KD、MACD 並稱四大指標，可見也有很大一部分人認為很準。這個指標本土味很濃，西方的技術分析很少提及，所以傳聞是東方人所創。但它不像一般 K 線圖有開高低收的價位標幟，只著重在開盤和收盤價位，也就是以紅黑的實體棒線來劃分。

・多重利空訊號暗示，果然慘遭跌停

寶塔線和新價線很像，都以三天為參數，可並列觀察。請看圖 84-1，以「創意期」為例，當收盤價高於前 3 天內的最高價時，為寶塔線翻紅，表示趨勢向上確立，為買進訊號。當收盤價低於前 3 天內的最低價時，為寶塔線翻黑，是賣出訊號。圖中的❶❸，趨勢向上明顯，長期翻紅一旦翻黑就是賣點。❷寶塔線和新價線都處於盤整期，就不要參考。圖 84-1 和圖 84-2，是同一天的行情，盤中翻黑，就應注意了。加上「分時走勢圖」一來出現跌破開盤價，二來跌破均價線，加上暴量下跌的特徵，當天明顯走空、非賣不可。果然這樣的多重利空訊號的暗示之下，最後收盤竟然慘遭跌停的命運。

圖 84-1 以「創意期」為例，說明寶塔線的觀察方法

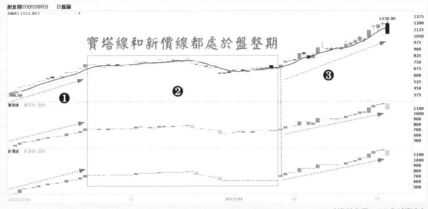

（資料來源：XQ 全球贏家）

圖 84-2 以「創意期」的走勢為例，說明寶塔線翻黑的出貨時機

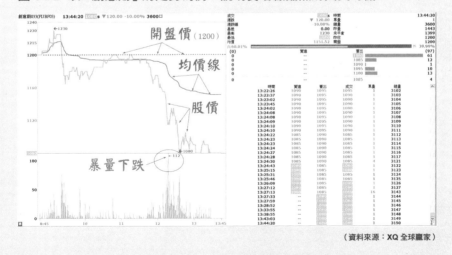

（資料來源：XQ 全球贏家）

技術指標和買賣點的抉擇

85.

買賣點的抉擇
（研判案例舉隅之一）

案例：2023 年 3 月 7 日，東元（1504）創了一年新高，非常罕見。它的買賣點如何抉擇呢？

解說：東元是台灣一家知名的機電大廠，它一向是牛皮股，但 7 年來從不漲停的東元，這一天卻有「地牛翻身」的感覺，不僅創下一年新高，甚至拉出漲停。請看圖 85-1，東元從 2023 年 1 月起就站上月線了（見圖中的❶），主要是零碳、儲能概念發燒，東元擴大電動車動力系統、系統節能解決方案布局全球，使得股價緩步走強。雖然外資拚命賣，可是投信卻反向大買。除了❶是好的買點之外，❷的大量是換手成功的另一買點。3 月 7 日其實是拜一位隔日沖大戶之賜，將股價拉到漲停，爆出更大量。

・個股地牛翻身，股期隨之起舞

再看圖 85-2，股價的強勢也帶動了股期。東元期這一天的走勢，❶就是好買點，因為 N 字型趨勢向上明顯，那根大量把價格一路拉升。如果我們在它的走勢，上下兩處的兩個點位各畫出一條趨勢線，可知它在連拉三波之後，有些疲態。❷已跌破上升趨勢線，最好先出一趟（做一個先買後賣的當沖），因為它離❹這條均價線已經太遠了。❸見股價再度急拉漲停，股期一樣可以重新介入買進留倉。

圖 85-1 「東元」（1504）2023 年以來，一路緩步趨堅。

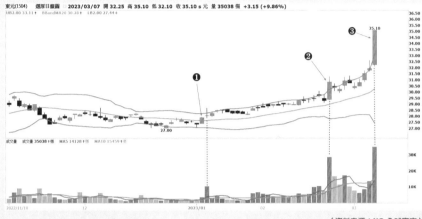

（資料來源：XQ 全球贏家）

圖 85-2 「東元期」2023 年 3 月 7 日的分時走勢圖

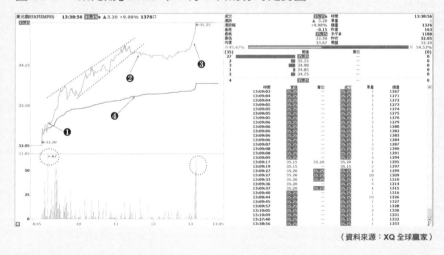

（資料來源：XQ 全球贏家）

技術指標和買賣點的抉擇

86.
買賣點的抉擇
（研判案例舉隅之二）

案例：2023 年 3 月 8 日，東元（1504）在漲停次日，它的買賣點如何抉擇呢？

解說：東元在前一天（3 月 7 日）的利多見報之後，股價呈現漲停板的盛景。其實，研究過分點籌碼的人就知道，題材歸題材，股價會漲停，主要還是市場幾位主力大戶用力拉抬的結果。尤其一位隔日沖大戶（**註：今天買、明天賣的大咖**）A 咖當天買超 5 千多張（一張不賣），但在次日就以「買少賣多」的量滾量方式出貨了。這位隔日沖大戶 3 月 8 日買 1 千多張、賣 6 千多張，就把東元出掉了。

·分點籌碼研究清楚，就有次日最佳對策

請看圖 86-1，東元日線圖的最後兩天，就呈現出隔日沖大戶出貨之後的線型，前一天是一根大紅棒，第二天開低拉高再走低，K 線留了長上影線（俗稱流星），這就是隔日沖大戶「畫」出的線型。懂這個原理，3 月 8 日就知該怎麼操作。請看圖 86-2，很明顯的，「東元期」一定要參考東元的走勢，股期就是股票的分身，對於本尊的「技術面＋籌碼面」不可不關注。散戶如果能看懂 3 月 7 日股票行情的「故事」，並能辨別分點主力的習性，就知次日如何操作。答案就是在「東元期」的 ❶ 放空，在 ❷ 平倉。

圖 86-1 「東元」（1504）主力大買的次日走勢變緩和了

隔日沖大戶畫出的線型。

（資料來源：XQ 全球贏家）

圖 86-2 「東元期」要以標的股價為師，買賣點就有所依據

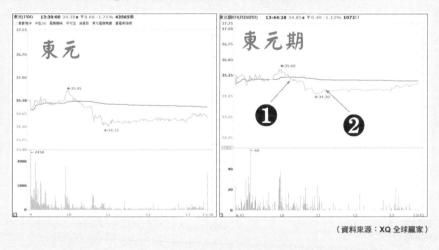

東元　　　東元期

（資料來源：XQ 全球贏家）

技術指標和買賣點的抉擇

87.

買賣點的抉擇
（研判案例舉隅之三）

案例：泰博（4736）的營收衰退，是否它的「股期」突然
跌下來的原因呢？

解說：泰博（4736）2023 年以來漲幅已大，在高檔突然跳
空而下，不一定是基本面的問題。因為基本面是落後指標，
影響也不會在某一天突然發生，除非是媒體宣布大利空。但
短線上突然暴量收黑，多半是技術面和籌碼面的因素。事後
證明當天確有隔日沖大戶出貨導致重跌。但也有新的大戶承
接。

請看圖 87-1，最後 3 根 K 線已形成「夜星」的型態，所以
暴量收黑，不是好現象。這是「事後論」？不是的，開盤看到
跳空而下，就該提高警覺，然後從估計量和交易明細，也可
以猜到當天的走勢。

· 平常訓練有素，盤中就可判讀型態

再看圖 87-2，這是以「泰博期」為例，筆者習慣用 3 分鐘
線圖來看盤（1 分鐘、2 分鐘、5 分鐘也都有人使用，並不一
定要按照我的參數設定）。當第一個 3 分鐘線發現它是跳空而
下，就可以在❶放空，後來股期價格果然順流而下。然後我
們可以在❷平倉。因為這個點位，已經突破前一天的高點，
並且跨越 5MA，這就成了「反轉紅 K」。不管接下來會怎麼
走，我們已經「落袋為安」了。

100 張圖搞懂個股期

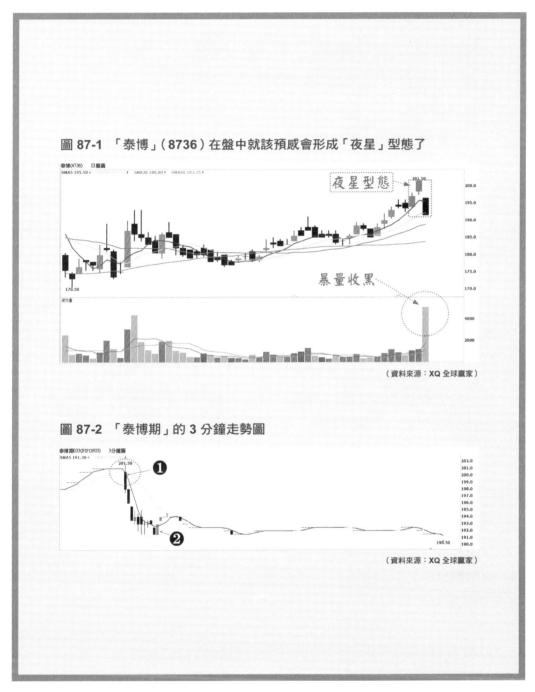

圖 87-1 「泰博」(8736)在盤中就該預感會形成「夜星」型態了

夜星型態

暴量收黑

(資料來源:XQ 全球贏家)

圖 87-2 「泰博期」的 3 分鐘走勢圖

❶

❷

(資料來源:XQ 全球贏家)

技術指標和買賣點的抉擇

88.
買賣點的抉擇
（研判案例舉隅之四）

　　案例：「國巨期」如何在盤中判斷該做多、做空，來決定買賣點呢？

　　解說：做個股期貨，一定要緊盯著本尊——「標的股票」的趨勢，來決定買賣點。雖然我們說，做股期有「價格發現」的功能，但實際上有很多股期的量能不足，仍然必須藉助本尊的充沛量能，才方便觀察。事實上，很多股期是隨著標的股票「步亦步、趨亦趨」的，這才是真相！我們利用這種特性，往往可以觀察後行動，終於成為贏家。畢竟股期只是一種衍生性金融商品，一種交易工具。

　　請看圖 88-1，在這張「國巨」（2327）日線圖走勢中，可以判斷出當天的即時走勢，和前兩天的黑 K，已共同形成「三隻烏鴉」的偏空型態了，換句話說，這一天我們的股期也要偏空思考、偏空操作。

·大量跌破關鍵價位，覆水難收

　　再看圖 88-2，國巨期的價位太高，風險大，我們不妨選擇「小型國巨期」來操作。首先，❶就是放空的賣點。為什麼呢？因為 58 口的大單，肯定就是大戶賣下來的。因為它不僅把開盤價、均價線都跌破了，而且越離越遠，明顯無法被軋空。❷❸拉高，反而成為加空點，到收盤❹補回，就成功了！

圖 88-1　「國巨」（2327）在盤中就知會形成「三隻烏鴉」的偏空型態

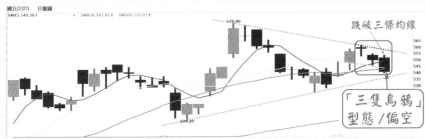

（資料來源：XQ 全球贏家）

圖 88-2　「小型國巨期」和圖 88-1 同一天的分時走勢圖

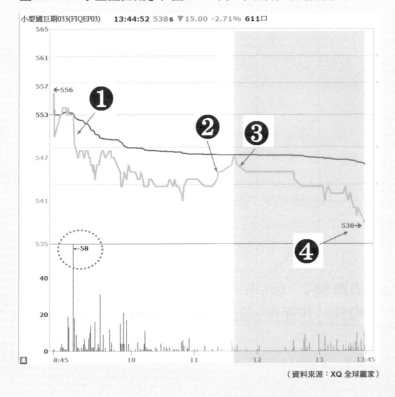

（資料來源：XQ 全球贏家）

技術指標和買賣點的抉擇

89.
買賣點的抉擇
（研判案例舉隅之五）

案例：「台燿期」的理想買賣點，是怎麼選擇出來的？

解說：這是一個真實的實戰案例，「天龍特攻隊」有幾位高手在群組貼出成績單（成交紀錄截圖），才發現大家都不約而同做了這檔股票。有新手問及如何選到買點的？我在此分享自己的研判思維。

請看圖 89-1，❼是賣點，因前一天是隔日沖大戶刻意拉抬，揣測大戶次日會倒貨，所以我們也要跟著在高點獲利了結，才不吃虧。至於為何❺是理想買點呢？因為第一時間的買點雖是價量俱揚（❶價創高、❷量也擴增）的❶，但會經過❸❹的假突破，所以通常以第二次突破❶是比較可靠的買點。

・會判斷真假突破，才知最佳買點

再看圖 89-2，「台燿期」也是一樣，比照辦理。但❶雖創高，卻沒有量（見❷）。和「台燿」一樣，❸❹是假突破，所以❺才是理想買點❻。然後經過籌碼研判，知道「台燿」前一天的強勢，是由於隔日沖大戶的硬拉抬，那我們當然也要在❼獲利了結，才能落袋為安。至於如何判斷真假突破及「三天觀察期」，可參閱拙著《100 張圖幫股市小白財富自由》第180～183 頁（財經傳訊出版社出版）。

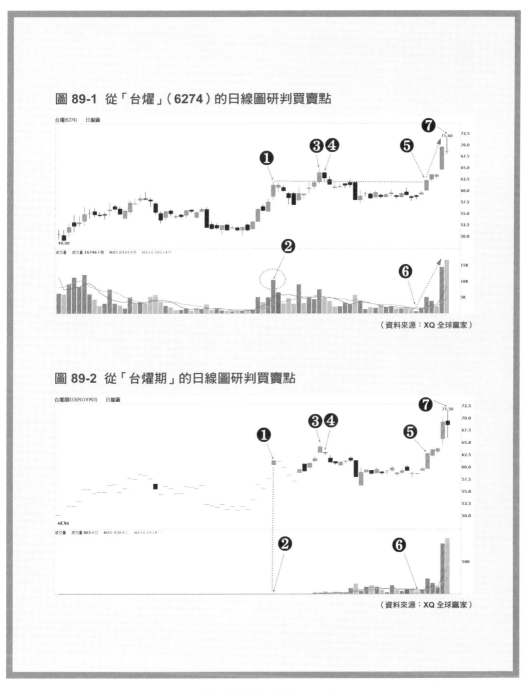

圖 89-1 從「台燿」（6274）的日線圖研判買賣點

（資料來源：XQ 全球贏家）

圖 89-2 從「台燿期」的日線圖研判買賣點

（資料來源：XQ 全球贏家）

技術指標和買賣點的抉擇

90.
買賣點的抉擇
（研判案例舉隅之六）

案例：「元太期」的理想買賣點，是怎麼選擇出來的？

解說：我常說「股票做得好，股期就一樣做得好」，在此可以詳加印證。請看圖 90-1 和圖 90-2 這兩張日線圖是否很像？股票怎麼做，股期就怎麼做就對了。不過，兩者的圖雖相似，成交量卻有差別。前者 W 底的量很充沛，後者 W 底的量卻呈現不足，那我們就在 W 底右側有量的❺才開始觀察即可。

圖 90-1，是元太的日線圖，❶、❷是 W 的兩個底部，但我們要以突破❸的高點❹作為買點。到❺時可先減碼，但真正的賣點是❻。如果一直沒出掉，到❼就非停損不可，因這天大盤跌了 244 點！

·大盤轉空，股期比股票更需要停損

再看圖 90-2，❶的三根組合 K 棒，可合併成❷的紅 K，有止跌跡象。但量能不足，須到❺已出量了再看。❹是突破廂型高點❸之後的理想買點。❻是理想賣點，如果往下的日子，您一直沒有賣掉「元太期」，那麼❼這天，就非賣不可，即使賠錢也必須停損。因為這天大盤轉空很嚴重，大跌了 244 點。筆者截稿前夕無法知道後市如何，但我們做股期必須格外有危機意識，才能長久立於期市而不敗。

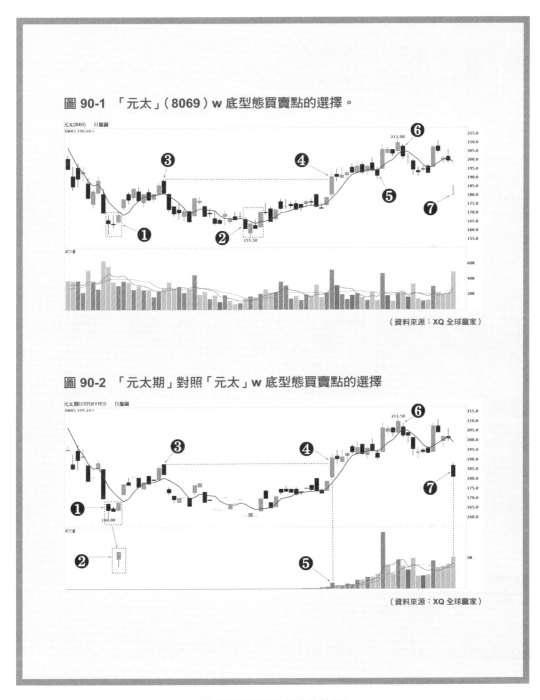

圖 90-1 「元太」（8069）w 底型態買賣點的選擇。

（資料來源：XQ 全球贏家）

圖 90-2 「元太期」對照「元太」w 底型態買賣點的選擇

（資料來源：XQ 全球贏家）

技術指標和買賣點的抉擇

91.

買賣點的抉擇
（研判案例舉隅之七）

案例：「小型祥碩期」的理想買賣點，是怎麼選擇出來的？

解說：小資族很怕挑戰高價股，其實權證、零股、股期都是可以上手的替代方案。祥碩期一口 44 萬多元，買不起可以買「小型祥碩期」，保證金才 2 萬多。操作方式完全一樣。

怎麼買「小型祥碩期」？請看圖 91-1，先來分析「祥碩」（5269）的日線圖，❶是相對低點的黑 K，❷是幾乎吞噬黑 K 的紅棒，❸是突破前兩根的中長紅，是買點。❹❺是經過盤整之後量縮再放大的加碼點，❻❼也是一樣盤整之後量縮再放大的加碼點，到 的高點，由於已經爆量了，最好先賣一趟。

・買在量縮、賣在爆量，方能穩穩賺

再看圖 91-2，買「小型祥碩期」，依筆者的操作方法，則是要對照「祥碩」的買賣點，然後再作選擇。我們可以發現，初期的「小型祥碩期」根本沒有量，也就是熱度不夠。直到❶跳空而起，才看得見量能，我們可以先行試單，然後依前述的原理買在盤整之後量縮再放大的❷❸、賣在爆量的❹。雖然❹之後，仍有可能續漲，但我們「買在量縮、賣在爆量」卻是穩穩賺、勝算較高的真正獲利秘訣。

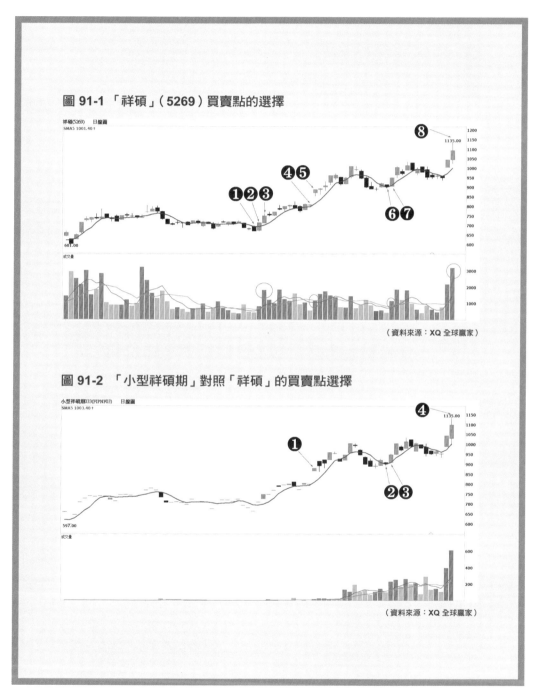

圖 91-1 「祥碩」（5269）買賣點的選擇

（資料來源：XQ 全球贏家）

圖 91-2 「小型祥碩期」對照「祥碩」的買賣點選擇

（資料來源：XQ 全球贏家）

技術指標和買賣點的抉擇

92.
買賣點的抉擇
（研判案例舉隅之八）

案例：智擎期近期出量了，怎麼感覺價格一直向下墜落？不是有量就有價嗎？

解說：有些人把股期看得太簡單，以為只要有量，做多就穩賺不賠。其實「價」「量」關係的「水」是很深的，正如深水區也可能有漩渦，主力大戶也會用大單對敲的假單來趁機出貨，有時散戶胡亂做當沖，也會搞渾了一池清水。所以要弄清楚是暖身量、凹洞量、換手量，還是出貨量，才知道真相。

·不是有量就會漲，還要觀察籌碼才知真相

請看圖 92-1，「智擎期」的日線圖，從後半部如「灌木叢」的量能來看，很容易誤以為會有一波行情，結果卻令人失望了。我們反觀圖 92-2「智擎」的股票日線圖，可見最近這一陣子根本沒量！

在圖 92-2 中，把智擎期標的股票用籌碼來觀察，我們可以發現，從有虛線的日期（5 日均線小於 60 日均線之後，行情就走空了）往下看，大戶資金已經流向散戶了（大戶持股比率一直在減少，散戶的持股比率一直在增加）。幾乎每天的主力多半賣多於買，連「收集派發指標」（綠柱往下增長，表示賣壓沉重）都呈現綠柱較為明顯的向下沉淪，以致它當時的股價不可能轉好。智擎期，自然也好不了！

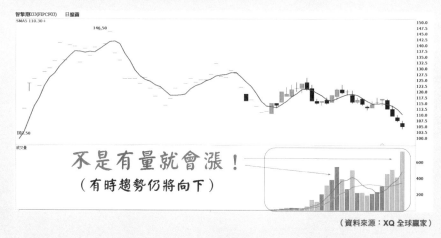

圖 92-1「智擎期」不是有量就會漲，有時趨勢也會向下。

不是有量就會漲！
（有時趨勢仍將向下）

（資料來源：XQ 全球贏家）

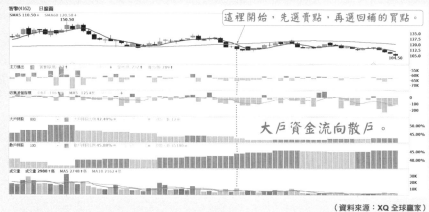

圖 92-2「智擎」走勢偏空之後，「智擎期」也好不了

這裡開始，先選賣點，再選回補的買點。

大戶資金流向散戶。

（資料來源：XQ 全球贏家）

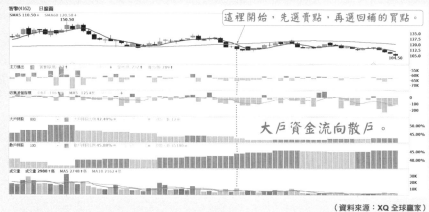

技術指標和買賣點的抉擇

台灣廣廈 國際出版集團
Taiwan Mansion International Group

國家圖書館出版品預行編目（CIP）資料

100張圖搞懂股票期貨：小資族以小搏大，翻轉人生的必修技巧
/方天龍著，-- 初版. -- 新北市：財經傳訊，2023.04
　面；　公分. -- (through；24)
　ISBN 978-626-719-7028(平裝)
　1.股票投資　2.期貨交易　3.投資分析

563.53　　　　　　　　　　　　　　　　111014988

財經傳訊
TIME & MONEY

100張圖搞懂股票期貨：
小資族以小搏大，翻轉人生的必修技巧

作　　者／方天龍	編輯中心／第五編輯室
	編 輯 長／方宗廉
	封面設計／張家綺
	製版・印刷・裝訂／東豪・弼聖・秉成

行企研發中心總監／陳冠蒨	線上學習中心總監／陳冠蒨
媒體公關組／陳柔彣	數位營運組／顏佑婷
綜合業務／何欣穎	企製開發組／江季珊、張哲剛

發 行 人／江媛珍
法 律 顧 問／第一國際法律事務所 余淑杏律師・北辰著作權事務所 蕭雄淋律師
出　　　版／財經傳訊
發　　　行／台灣廣廈
　　　　　　地址：新北市235中和區中山路二段359巷7號2樓
　　　　　　電話：（886）2-2225-5777・傳真：（886）2-2225-8052

全球總經銷／知遠文化事業有限公司
　　　　　　地址：新北市222深坑區北深路三段155巷25號5樓
　　　　　　電話：（886）2-2664-8800・傳真：（886）2-2664-8801
郵 政 劃 撥／劃撥帳號：18836722
　　　　　　劃撥戶名：知遠文化事業有限公司（※ 單次購書金額未達1000元，請另付70元郵資。）

■ 出版日期：2023年4月	■ 初版2刷：2024年4月
ISBN：978-626-719-7028	版權所有，未經同意不得重製、轉載、翻印。

100 張圖學會 K 線精準判讀

神準天王方天龍
「股市生命線」大公開

作者：方天龍
定價：399 元

三天看懂 K 線，讓你 6 天 30 萬變 75 萬

作者本是一個知名大報的資深主編，一夕之間報社結束，父母又陸續謝世。了無支撐及牽掛的他，「愛」上了股票的起伏波動。於是有十年的時間，獨處異地，每天花十數小時，以 K 線為基礎，觀察股市的漲跌。他保留了當記者的習慣，用錄影、筆記，留下了大量個股波動的紀錄。讓他可以印證他的預測，也為這本著作，留下大量的柴火。如今，他分享 K 線運用的心得，這曾經被他視為生命線般關注的線體，也不斷以暴利來回應他。往往幾天，甚至幾個小時，就可以賺進以往報社高階主管幾個月的薪水。

100 張圖學會股市當沖

最嚴謹 SOP，9：15 上班前搞定
安心工作輕鬆賺

作者：陳榮華
定價：250 元

投入 10 萬，每月加薪 5000 元

本書作者過去幾年以來，每天晚上由上櫃公司中挑出 3 支股票，以一定步驟，研判第二天的走勢，並決定好進場點及出場點。第二天看期貨的走勢，如果和昨天判斷的相符就下單，否則放棄操作，專心去上班。由於選擇的條件很嚴格，這樣 3 支股票往往多數會符合預期賺錢，而少數看錯的，因為停損設定，往往也不會拖累賺錢的部位。作者操作的方法為當沖。基本上今日事，今日畢。不會留著股票過夜，倒也輕鬆自在。而作者的操作績效，由於勝多敗少，相抵之後，每個月可以有 5% 到 7% 的獲利。一般年輕人如果資金少，選股受限制，投入 10 萬元，每個月加薪五、六千元可期。重要的是，上班完全不用看盤，不會影響你事業的發展。

100 張圖學會外匯操作

「聖杯戰法」每年交易三次
新手也可以年賺 20%
從開戶到投資策略，全部搞定。

作者：外匯聖盃團隊
定價：320 元

炒股不如炒匯！為什麼？台股有 1,700 檔股票，但全球不過 194 個國家

而且不是每個國家都有自己的貨幣，研究起來，省事。24 小時都可以操作，不會與你的工作衝突。更不必擔心遭到股市「主力坑殺」，外匯市場幾乎無人可以撼動！你只要學會判斷一國貨幣的走勢強弱，就可以賺到錢。而且一國的貨幣，基本上不會變成壁紙，若不幸大跌，終會反轉，和股票可能不去一返不同。

100 張圖學會期貨交易

交易醫生聰明打敗投資風險
從零開始期貨初學入門指南

作者：徐國華
定價：320 元

本書由什麼是期貨開始，介紹如何選用下單軟體（至少要有停損、停利、鍵盤下單、變形功能），更向讀者介紹大量的操作方法（日內波段交易、剝頭皮交易、削到爆交易法）。而如果你用日內波段交易，有幾個重點：一天只做一個方向、用 5 分鐘 K 線、每天出手在 3 至 5 次之內。明確的說明，減少你迷途的時間。很多人提出操作方法，但是到底有沒有用？以現在的科技，每天每種投資標的的變動都被記錄下來，而作者充分的運用這項工具，對他提出的「意見」提供量化的績效評估。你看到的不是「好運」帶來的結果，而是經過資料庫核實的事實。

賺錢的要訣，明明白白告訴你

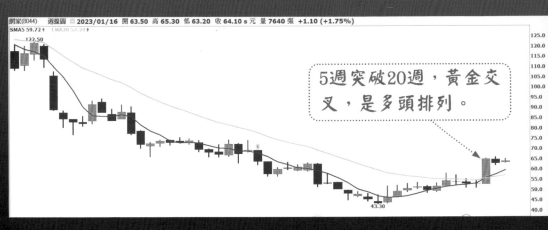

5週突破20週，黃金交叉，是多頭排列。

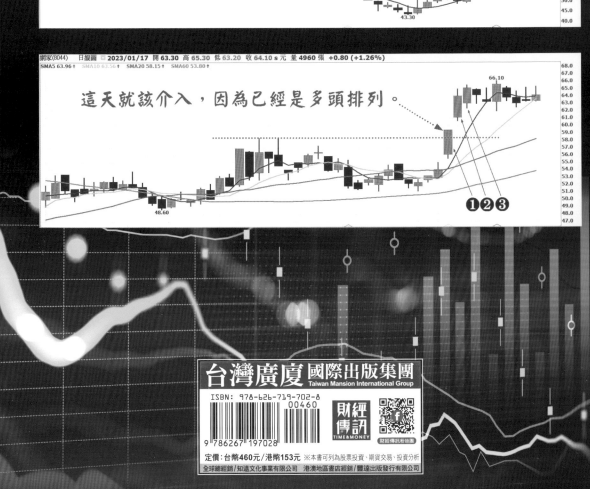

這天就該介入，因為已經是多頭排列。

台灣廣廈國際出版集團
Taiwan Mansion International Group

ISBN: 978-626-719-702-8
00460

財經傳訊
TIME&MONEY

財經傳訊粉絲團

9 786267 197028

定價：台幣460元／港幣153元　※本書可列為股票投資、期貨交易、投資分析
全球總經銷／知遠文化事業有限公司　港澳地區書店經銷／豐達出版發行有限公司